**Un Temps - Numéro 5** Juin 2019  **Méthodologies**

Un Temps N°5

ISBN : 978-2-9567144-6-0

# SOMMAIRE

EDITORIAL .......................... 3
Charles Imbert

MÉTHODES CHINOISES
DE L'ART D'ORDONNANCER ............. 6
Eulalie Steens

LA MÉTHODE, APPROCHE RATIONNELLE
DE LA RÉALITÉ ...................... 15
Yves Le Maître

SPIRITUALITÉ MODE D'EMPLOI ......... 23
Jean-François Henry

ENTRETIEN AVEC CYRILLE JAVARY ...... 34
Eulalie Steens, Charles Imbert

LA RÉCEPTION DE LA PREUVE .......... 56
Charles Imbert

LES ANTI-MÉTHODES .................. 68
Michel Barster

LA DÉMARCHE DU TAROT ............... 78
Johan Lamant

ACTUALITÉS ......................... 89

LES MÉTHODES DE FRANÇOIS RABELAIS .. 92
Eric Hermblast

CRITIQUES LITTERAIRES .............. 108

## EN CONCERTATION AVEC ECLOSION, NOTRE EDITEUR :

Un Temps est une revue à périodicité trimestrielle (qui au moins compterait un numéro par an, si nous étions malades ou empêchés). Les Contributeurs de Un Temps ne s'obligent à rien, sinon à la plus haute qualité qu'il soit possible de donner à leurs apports.
En conséquence de notre liberté, il n'existe pas et n'existera pas d'abonnement(s).
Un Temps sera annoncé sur le Site internet d'Eclosion, et sur différents supports. Le lecteur devra avec courage, fidélité, détermination, aller vérifier s'il serait possible qu'un numéro ait pu sortir. C'est anti-marketing, mais la qualité est à ce prix. Nous considérons que l'acte d'Achat d'un lecteur est un acte unique. De même, chaque numéro est un acte unique.

Un Temps est édité par **Eclosion**
10, rue du Fort, 62124 Barastre.
Site Internet : www.eclosion-shop.fr
Adresse mail : postmaster@eclosion-shop.fr
Dépôt légal été 2019

**Comité de rédaction : Charles Imbert, Yves Le Maître, Eulalie Steens, Serge Fosse, Michel Barster.**

Thèmes des prochains Numéros :
Automne 2019 : La Santé
Hiver 2019 : Le Temps

# ÉDITORIAL

**Un an ! Le Bébé marche ! Et il est parti pour aller loin…**

Avec ce numéro 5 de *Un Temps*, nous débutons notre deuxième année, fiers d'avoir pu tenir le maximum de nos promesses. Certes, la mise en place et le calage de bien des paramètres a été laborieux, mais imaginez ce qui se serait passé si nous avions attendu que tous les voyants du tableau de bord soient au vert : nous aurions perdu un an, et nous nous serions probablement épuisés en mails, réunionites et géniales fulgurances, mais au restaurant ou divers endroits, et pas dans la revue que nous voulions monter.

Pour compléter ce paragraphe d'intense auto-félicitation, il faut signaler que nous attendons toujours de nouveaux contributeurs, et réinvitons constamment les anciens à encore s'exprimer. Aussi, n'hésitez pas à nous contacter, jusqu'à recevoir une réponse, que nous donnerons. Si vous n'avez pas de réponse, c'est qu'il y a temporaires engorgements de papiers, de mails, et ceci aussi, cela va se régulariser.

Comme le dit Cyrille Javary : « La communication fluide est la condition de l'Harmonie. » Nous sommes heureux d'ouvrir nos interviews avec sa personne, sa parole, et enchantés de la densité des riches propos qu'il a bien voulu nous confier.

Oui, il était prévu dès le départ (nous l'avions écrit) que nous accueillerions des interviews, l'occasion de donner la parole (et de faire de la publicité) à des artistes, chercheurs, penseurs, ou même des "personnalités", tout court.

Nous avons ainsi eu le bonheur de pouvoir interviewer Cyrille Javary, grand spécialise reconnu de la culture chinoise et de ses sagesses (car la Chine, comme on le sait, a accueilli plusieurs écoles d'Humanisme, dont le Taoïsme et le Bouddhisme). A l'heure où la Chine est devenue l'usine du monde et où elle s'apprête a inventer des futurs, elle aura pris à l'Occident des techniques de production pour apporter le bien-être matériel à son peuple, tout en restant une dictature, c'est à dire un Empire, ce qu'elle a toujours été. Encore cet Empire exerce t-il une Pax Sinensis dont les fondements confucianistes garantissent, mieux que des mots d'ordre, une bienveillance théorique et une égalité nominale, à défaut de respects des *Droits de l'Homme* (ce n'est pas ici qu'on rit). Informons-nous donc…

Le thème de ce numéro est la méthode. Un mot venu du grec – *méta hodos* – (*hodos* étant la voie) et qui signifie démarche, progression réfléchie et avec mesure. Une définition claire pour un de ces concepts flous réclamés par des passions, habité par des émotions, vécu avec sentiments. Et en usant du mot définition, nous sautons déjà à pieds joints dans la problématique, car bien sûr, nous savons qu'il y aura souvent désaccord sur des définitions.

Autrement dit, parler de la méthode ne serait plus inventorier les fonctions, moment, rouages, d'une horloge, que de plutôt considérer ses aiguilles. Ce que la science avait vu comme arme ultime de la Raison et du Progrès humain, au XVIIIe siècle, se voile dans de multiples querelles (qu'est-ce que la Science, que veut dire Clinique, que peut-on Observer, etc.). A vrai dire, le déconstructivisme n'aura pas été qu'un mot du XXe siècle : il constatait le sabordage de l'axiomatique, la faillite du "moi", la stratosphérisation des maths, les paradoxes du quantique. La sublimation des discours critiques radicaux ne restait que discours, mais certains comme d'habitude y apportèrent foi pour de vrai. Il y avait donc de quoi parler à nouveau de la Méthode, la "bonne manière de mener sa pensée ou sa conduite pour aller au vrai, au bon, au beau."

Ce que Cyrille Javary n'aura pas eu le temps ni l'envie d'expliquer, Eulalie Steens l'aborde dans son article, citant des mythes fondateurs que Cyrille Javary s'applique précisément à critiquer, mais qui furent fabriqués pour tenter de durer, et repris par bien des artistes. Nous avons eu la même chose avec des mythes chrétiens. Après des millénaires basés sur des légendes, faire *tabula rasa* n'est pas aisé, et ne s'adressera en premier qu'à des esprits déliés. Eulalie nous rappelle que la pensée chinoise est naturellement ouverte vers l'association constructive, y compris dans le domaine technique, de tous temps : les Chinois ont beaucoup inventé, et ne pas avoir fait de sauts, par exemple dans l'électricité, serait reprocher aux Romains ne n'avoir pas utilisé la machine à vapeur.

Yves Le Maître nous parle ensuite du problème tout à fait moderne de prétendre avoir des méthodes parfaites, mais de laisser arriver sur le marché des poulets aux hormones (c'est ici qu'on rit jaune). Oui, il y a un vice résidant, à l'intérieur de la prétention à bien contrôler, ou dans le pari de voir d'autres que soi nettoyer le labo de chimie et ses poisons répandus.

Jean-François Henry aborde les incontournables méthodes spirituelles pour rejoindre encore mieux le divin, qu'on soit doué pour cela ou pas. Il nous fallait bien sûr un tel article, si nous voulions parler correctement des méthodes. Jean-François n'omet pas de rappeler que le gouffre tout voisin de l'exaltation (si on s'y enferme par un purisme morbide) peut faire verser dans le fanatisme, cette frénésie fatale.

Je me serai attaché à essayer de parler de la Sacro Sainte Grande Méthode (SSGM), la méthode dite scientifique. A vrai, dire, qui s'en occuperait encore ? Etait-ce seulement un sujet ?

Eh bien oui, à mon avis le problème de la réception de la preuve conditionne de nos jours toute la 'Science', parce qu'elle touche au déni et au *recevable*. Et, sachant que les publications scientifiques sont elles-mêmes atteintes, au premier chef, par des vices de critiques, *Un Temps* ne pouvait qu'évoquer le problème. Il nous aura d'ailleurs manqué, dans ce numéro, des articles clairs sur les méthodologies sociologiques, et surtout sur les méthodes *politiques* (mais ne nous plaignons pas trop vite).

Yohann Lamant nous a communiqué un texte sur une propédeutique (on ne rit pas, c'est un vrai mot, synonyme de méthode d'enseignement préparatoire) complexe sur des symboles dont il affectionne l'herméneutique (pas de rire non plus, c'est l'investigation des possibles signifiants). Hélas, c'est un peu hermétique. C'est aussi varié : on n'a plus l'occasion (non, non, où ça ?) de lire aussi forte poésie. Certains lecteurs apprécieront, d'autres respireront à fond avant de passer à la suite.

Michel Barster nous avait déjà parlé du Gouvernement par le Mensonge, et il revient sur celui-ci en traitant des Anti-méthodes de la bonne pensée. Son papier n'est pas un cri gratuit contre la paranoïa, mais une étude des phénomènes du vécu parmi les mensonges institués, quand il faut vivre avec.

Enfin, Eric Hermblast aura traité d'un sujet réjouissant, les Méthodes de Rabelais, promettant de nous parler d'humanisme et ajoutant un bouquet devant la statue du Châtelain de la Loire. On peut encore sourire et même rire, de nos jours, par l'actualité intemporelle de Rabelais, sur les conseils méthodologiques qu'il donnait : bien étudier ce qu'on met en forme dans la "boite à formage", Rabelais comparant le cerveau à un fromage blanc ensemencé placé dans un moule, la boîte en question ne prenant pas chez lui de circonflexe (il écrit juste avant son apparition), et, de fait, sans chapeau, on peut encore en mettre dans la boîte en question.

Enfin, signalons que notre disponibilité (enfin !) par la vente en ligne ou sur les bases de données de tous les libraires de France ne nous fera pas oublier le canal qui a pu écouler les centaines – qu'il serait agréable d'écrire milliers, mais dans une époque où un bon livre ne s'écoule que par rares dizaines sur plusieurs années, ne rêvons pas encore trop vite – d'exemplaires du *Un Temps* de la première année. Nous inaugurerons donc une présence publicitaire gratuite ouverte à la Librairie Odyssée, en remerciement de son soutien pendant ces longs mois, où certains contributeurs ont pris la mouche de ne pas nous voir proposés largement au public.

La Charte des Contributeurs est sur internet... Peut-être certains d'entre vous ont-ils pensé que nous ne cherchions pas d'articles en externe ? Mais Si ! Prochain thème : La Santé !

**Charles Imbert**

# MÉTHODES CHINOISES DE L'ART D'ORDONNANCER

Construire l'administration d'un Empire demande de la méthode

## Eulalie Steens, écrivaine, sinologue

Les Chinois auraient-ils une façon particulière d'appréhender le monde qui les entoure ? Pouvons-nous répondre d'une façon tranchée ? Ne serait-ce pas plutôt à la fois oui et non ? Certes, dans l'Antiquité, certains principes de leur philosophie peuvent se retrouver chez leurs homologues grecs. Et leur organisation sociale a dû faire face aux problèmes que toute civilisation rencontre : se nourrir, se développer, organiser un gouvernement. Vivre, tout simplement. Les Chinois ont-ils toujours eu une méthode particulière, ou des méthodes particulières, pour mettre en mouvement la dynamique de leur civilisation ?

Comme tous les humains à travers le monde, les Chinois ont observé le ciel et la nature. Le principe du *yin-yang* remonte particulièrement loin dans le temps. Fuxi, un des Trois Augustes, premier souverain de l'époque mythique (période néolithique), qui régna avec sa soeur-épouse Nügua, amorça un premier concept. En observant la nature, il en fit une synthèse visuelle par huit groupes de traits *yin/yang* (trait court pour le *yin* et trait long pour le *yang*). On les nomme les 8 trigrammes (*ba gua*) : ciel, terre, tonnerre, eau, montagne, vent, feu, vapeur. Ces 8 trigrammes sont liés aux 64 hexagrammes (8 x 8) du *Yijing*. Les premiers commentaires sur ce sujet sont dus au roi Wen (le fondateur, avec son fils, Wu, de la dynastie Zhou, autour de – 1121) : ce sont les *tuanci*, qui analysent chaque hexagramme. Son fils cadet, le Duc de Zhou, ajouta d'autres commentaires sur chaque trait : les *yaoci*. Plus tard, Confucius, né en - 551, aurait, toujours selon la légende, rédigé les *Dix Ailes* (*Shiyi*). Au cours des siècles suivants, de nombreux philosophes donneront eux aussi leur version par des commentaires. L'ouvrage est à la fois un manuel de philosophie, un support de divination (tirage d'un hexagramme par les tiges d'achillée), que l'on pourrait dénommer « aide à la prise de décision », comme l'indique Cyrille Javary, qui remet toutes ces légendes en cause, vous le verrez, sur la base de faits.

En même temps, dès le néolithique, on recherche à deviner l'avenir par la scapulomancie. Les *jiagu* sont des carapaces ventrales de tortue (*jia*) ou des os (*gu*) de mouton ou de bœuf. A l'époque, ils ne portent pas encore d'inscriptions. Après avoir sacrifié l'animal, le prêtre procédait à la divination : il creusait une série de cavités et y formait une fissure en forme de T couché à l'aide d'un tison chauffé. L'augure interprétait les craquelures. Plus tard, sous la dynastie Shang (fondée en – 1765), on se mit à écrire (*wen*) la réponse à la question posée sur le *jiagu*. A cette époque, cette divination n'est pas personnelle : elle est réservée au roi. Il s'agissait d'une méthode de gouvernement. On posait une question sur un sujet donné, par exemple sur l'issue victorieuse d'une bataille et la réponse était soit positive, soit négative. C'est ainsi que les historiens parlent de *jiaguwen*. Il s'agissait d'une écriture rituelle liée à un acte divinatoire politique.

*Selon la légende, le fameux principe du yin et du yang remonte particulièrement loin dans le temps.*

En parallèle, on notera que ce sont les premières traces d'écriture chinoise. Bien que leur invention est censée être plus ancienne, due à Cang Jie, contemporain de Huangdi, le mythique Empereur Jaune. Les épigraphistes ont répertorié environ 2.500 à 3.000 caractères ; distingués en trois sortes :
• les pictogrammes, les plus nombreux, représentent des personnes ou des objets stylisés
• les idéogrammes suggèrent une idée
• les caractères à but phonétique restant minoritaires (mélange d'un pictogramme et d'un élément indiquant le son).

La civilisation chinoise restera toujours dans son écrit avec une graphie visuelle —— qui, bien sûr, évoluera —— et ne choisira pas l'alphabet. Chaque

Reconstitution des casses d'imprimerie de Bi Sheng. (*Zhongguo Yinshua Bowuguan*, Musée Chinois de l'Imprimerie à Pékin).
Commons.wikimedia.org / photo : Popolon

caractère se rapprochant d'avantage d'un mot-concept. L'écriture, par la calligraphie, devenant également un art à part entière.

Les conceptions cosmogoniques chinoises se basent également sur le principe des Cinq Éléments (*wu xing*), dénommés aussi Cinq Agents : Bois, Feu, Terre, Métal, Eau. C'est dans le texte du *Hongfan* qu'on peut lire pour la première fois cette théorie. Selon la légende, le manuscrit aurait été apporté par une tortue à Yu le Grand, fondateur de la dynastie Xia (en - 2207). Bien qu'il semble plus probable que l'ouvrage ait été composé entre le 8ème ou le 3ème siècle avant J.-C., la base intellectuelle plonge dans les tréfonds de la pensée chinoise. Il s'agit d'une véritable vision quinaire du ciel, de la terre et de l'être humain. Les Cinq Éléments sont en correspondance avec les planètes, les couleurs, les saisons, les organes du corps, les saveurs etc. Ils s'ordonnent soit selon le cycle de production, soit selon le cycle de destruction. Le Bois engendre le Feu, qui engendre la Terre, qui engendre le Métal, qui engendre l'Eau. Et l'Eau produit le Bois, etc.

D'une autre façon, le Bois conquiert la Terre, qui conquiert l'Eau, qui conquiert le Feu, qui conquiert le Métal, qui conquiert le Bois, etc. Plus tard, le philosophe Zou Yan (- 305 ? / - 240 ?), dont les écrits sont perdus mais dont on retrouve les idées au fil de certains textes, avait conçu un déroulement inéluctable des événements historiques grâce aux Cinq Éléments (et donc de l'avenir). Ainsi, Huangdi, l'Empereur Jaune, avait régné sous le signe de l'Élément Terre. Le Bois détruisant la Terre, vint ensuite la dynastie Xia. Comme le Métal conquiert le Bois, place ensuite à la dynastie Shang. La dynastie Zhou prit ensuite le pouvoir sous l'égide du Feu (époque à laquelle vivait Zou). Puis une autre dynastie, sous l'Élément Eau, aurait suivi. C'est ce qui survint effectivement avec la dynastie Qin en – 221.

C'est aussi dans les *jiagu* que l'on remarque les premiers caractères qui serviront au calendrier. Au nombre de dix, on les nomme les Dix Troncs Célestes (*shi gan*): *jia, yi, bing, ding, wu, ji, geng, xin, ren, gui*. Cette série dénaire aurait un lien avec les Cinq Éléments et le *yin / yang*: 5 x 2 = 10. Elle se serait calée sur le nombre des jours de la semaine: 10. Les Chinois inventèrent aussi une série de douze autres caractères, les Douze Rameaux Terrestres (*shi er zhi*): *zi, chou, yin, mao, chen, si, wu, wei, shen, you, xu, hai*. Ceux-ci servaient à désigner les douze heures (doubles) du jour et les douze mois de l'année. Ils aidaient aussi à la notation du cycle de douze ans de la Planète du Bois (notre Jupiter).

C'est en combinant deux à deux la liste de 10 et la liste de 12, que l'on arrivait à obtenir un cycle sexagésimal qui servait au calendrier. La première combinaison se nomme *jiazi*, la deuxième *yichou* jusqu'à la soixantième, *guihai*. L'usage de cette méthode remonterait à Huangdi lui-même. Il servait au décompte des jours. Le décompte des années par 12 serait plus tardif : au 1er siècle avant JC (dynastie des Han Antérieurs).

---

*Les Chinois forment sans doute le peuple qui fut – et est toujours – le plus enclin à l'écrit. La chose écrite reste sacrée pour eux.*

---

Beaucoup plus tard, les douze signes du zodiaque se sont greffés sur le cycle des Douze Rameaux Terrestres, ce qui représente en plus une aide mnémotechnique. La symbolique des douze animaux vient de l'Inde : le Bouddha (contemporain de Confucius) aurait appelé à lui les animaux. Ils accoururent dans un certain ordre : rat, bœuf (ou buffle), tigre, lièvre (lapin), dragon, serpent, cheval, mouton (ou chèvre), singe, coq, chien, cochon.

Lors de l'arrivée en Chine du Bouddhisme (1er siècle), la liste se greffa donc sur le cycle des années pour former un zodiaque annuel. C'est ce que l'on appelle encore de nos jours le calendrier rural ou agricole, lequel est luni-solaire. Chaque jour de l'an commençant alternativement soit fin janvier, soit fin février. Le début de l'an est popularisé par le signe du zodiaque de l'année. C'est ce qui explique comment le 5 février 2019, les Chinois entrèrent dans l'année du Cochon de Terre, laquelle correspond pour nous à l'année 4.717.

Dans l'antiquité, comme partout ailleurs dans le monde, les astronomes et les astrologues avaient la même fonction : observer le ciel et en tirer des conclusions. Dans les *jiaguwen*, on a repéré déjà quelques relevés astronomiques. Sous la dynastie Zhou, si on en croit les textes (notamment le *Zhouli, Rites des Zhou*), ces personnages occupaient même un poste officiel. Pratiquer la divination était un véritable acte politique et économique. On n'utilisait plus les *jiagu* mais on observait souvent le ciel pour prévoir les moments de sécheresse, les éventuelles inondations, l'issue d'une bataille, ou bien se préoccuper de la vie du roi et de sa famille.

Dans ce contexte, on peut comprendre comment Confucius (né en – 551) élabora un principe gouvernemental par rapport à la personne du souverain. Le *Dao / Tao* (voie, chemin) de Confucius était un retour à un Âge d'Or, qu'il plaçait dans la très Haute Antiquité, en un temps mythique où ceux qui régnaient étaient exemplaires. Une sorte d'âge merveilleux idéalisé sur lequel il fallait prendre modèle. Ainsi, le roi se devait d'être à l'image de l'Étoile Polaire dans le ciel. Au centre du pays, se montrant parfait et faisant rayonner sur autrui sa vertu (*de*) et son humanisme (*ren*). Il recommandait également de se perfectionner soi-même par l'**étude**.

Ce perfectionnement devait d'ailleurs s'appliquer aux autres couches de la société. Étudier, c'est emmagasiner un savoir qui enrichit l'esprit et permet de discerner ce qu'il faut correctement faire. Une des fonctions du roi était de perpétuer les rites dévolus au ciel et à la terre. Confucius recommandait ainsi d'enrichir son vocabulaire en lisant le *Shijing, Le Livre des Poèmes*. Confucius initiait ainsi les prémices du lettré-fonctionnaire, personnage qui prendra une telle ampleur des siècles plus tard. Les historiens font un consensus actuellement autour du fait qu'il ne rédigea jamais rien. Ses propos (*Lunyu*) ont été composés par ses disciples, voire des disciples de disciples. Mais peut-on imaginer qu'un homme aussi cultivé n'ait jamais pris un pinceau pour écrire ?

Son contemporain Lao Zi prendra le contre-pied de la vision confucéenne du monde. En utilisant lui aussi l'idéogramme *Dao*, il se fit le chantre de la non-action. Il aurait été archiviste à la Cour royale (c'est d'ailleurs en ce lieu qu'il rencontra, dit-on, Confucius) et ambitionnait, comme Confucius, de conseiller son souverain. Il échoua et, plutôt de s'obstiner, il choisit de partir vers l'ouest en chevauchant un buffle. Abandonner les vanités du monde lui semblait la meilleure solution. Avant de quitter le royaume, le gardien de la passe le supplia de laisser un témoignage de sa pensée et c'est ainsi qu'il récita un texte qui devint le *Daodejing* (*Le Livre de la*

Voie et de la Vertu). Cette non-action (*wuwei*) est loin d'être passive et ne prône pas de ne rien faire. Le *Dao* est une entité universelle transcendante. Il est illimité, il ne se définit pas et ne se nomme pas. Il se manifeste par le *yin / yang*.

La non-action, c'est suivre le mouvement cosmique, l'ordre naturel des choses. Privilégier le vide, c'est refuser la civilisation et se débarrasser des contraintes du quotidien. Ni entraves, ni rites. La vertu du roi rayonne naturellement. Elle ne s'acquiert pas par l'étude. Le peuple vit dans une sorte de béatitude, hors de toute éducation. Lao Zi préconisait d'ailleurs de remplir les ventres et de vider les esprits. Ainsi, un souverain idéal est celui qui ne gouverne pas. Le sage appréhende le *Dao* spontanément, sans l'étudier, grâce au *wuwei*. Tout homme se doit ainsi de cultiver sa féminité intérieure. Socialement, il se moque de toute ambition, il passe pour débile et effacé et peut aller jusqu'à vivre en ermite.

Entre ces deux courants de pensée, il faut en signaler un troisième dont on parle beaucoup moins mais qui eut autant d'importance : le Légisme ou École des Lois (*fa jia*). En fait, à l'époque, les protagonistes ne se rassemblaient pas vraiment en une École unifiée. Le terme fut inventé a posteriori. Il s'agit d'un groupement de plusieurs penseurs désirant remédier aux problèmes politiques de gouvernement en choisissant de rédiger des lois. Une nouveauté.

Un des pionniers fut Guan Zhong au 7ème siècle avant JC. Ce ministre, du pays de Qi, changea complètement l'ancien système de perception en transformant les paysans en contribuables individuels. Finies les corvées : il s'agirait dorénavant de verser à l'État une partie du grain moissonné. Plus tard, Shang Yang, au pays de Qin, lança en – 359 des lois nouvelles. Le but ultime était d'enrichir l'État. Les lois, *fa*, furent substituées aux rites. Et pour les faire appliquer, on employa une méthode toute simple : les récompenses et les châtiments. Les paysans furent donc soumis à un dur labeur tout en étant les plus choyés (bien que les princes continuaient à être propriétaires des terres).

Ceux qui pâtirent le plus furent les commerçants et les artisans, trop libres de leurs actions individuelles et « faiseurs d'argent ». L'armée fut renforcée car tout paysan est un soldat en puissance. Une armée forte pour renforcer encore plus l'État et l'enrichir. Un État qui ne pense qu'à conquérir ses voisins et à agrandir ses frontières. Le contexte s'y prêtait particulièrement. La dynastie Zhou (la plus longue de l'Histoire chinoise), s'affaiblit au cours du temps. Il en arriva que le roi devint presque fantoche, tandis que des potentats locaux ne faisaient qu'augmenter leur pouvoir. Les ambitions pouvaient voir le jour. D'ailleurs, la dernière période de la dynastie Zhou se nomme « Royaumes Combattants ».

Dans l'esprit des Légistes, la guerre a aussi un avantage: elle détruit. Elle détruit les bénéfices agricoles, considérés comme inutiles car ils apportent à la population du confort, de la qualité de vie et du bien-être. Le bonheur… cela détourne du travail ! Un souverain idéal n'est donc en rien un homme éclairé mais un despote qui incarne la loi. Les princes du pays de Qin appliquèrent donc ces principes. Il faut être clair que cela leur réussit.

Même plus besoin d'appliquer des châtiments car la peur fait son office au quotidien pour maintenir la population sous un joug d'airain. Nous nous retrouvons face à une notion bien connue : le *wuwei*, le non-agir taoïste qui prend chez les Légistes une tournure inattendue, l'absolutisme. Zheng, le dernier roi de Qin, paracheva l'œuvre de ses prédécesseurs en ayant absorbé tous ses voisins et en unifiant la Chine en – 221. Suprême victoire: il se proclama Empereur.

---

*Pratiquer la divination était un véritable acte politique et économique.*

---

Les Chinois forment sans doute le peuple qui fut – et est toujours – le plus enclin à l'écrit. La chose écrite reste sacrée pour eux. Au point que nombre de manuscrits accompagnèrent dans leurs tombes des princes et princesses défunts. Aussi, l'acte considéré comme le plus atroce eut lieu en – 213. L'unificateur de la Chine, Qin Shihuangdi, ordonna sur les conseils de son ministre Légiste, Li Si, de se débarrasser de ses contradicteurs. Il proclama ainsi l'autodafé des livres. Tous les documents savants élaborés avant son règne devraient être détruits. Pire, on raconte qu'il fit enterrer vivant des lettrés confucéens ! Un traumatisme sanglant qui a laissé encore des traces dans tous les esprits et qui revint 2.000 ans plus tard quand Mao Zedong, durant la Révolution Culturelle, voulant écrire une plage blanche pour édifier la Chine nouvelle, employa la même méthode : se débarrasser des intellectuels et détruire l'écrit. Toutefois, en ce qui concerne le Premier Empereur, tout ne fut pas détruit. Si beaucoup d'ouvrages sont partis en fumée, on pense que les Confucéens dramatisèrent l'événement. Beaucoup de personnes cachèrent courageusement leurs ouvrages personnels, certains en apprirent par cœur et les textes concernant le royaume de Qin (avant l'Empire), les ouvrages de médecine ou de divination par l'achillée, ceux d'agriculture ou d'arboriculture ne furent pas proscrits. Quant à ceux qui furent interdits comme le *Shijing (Livre des Poèmes)*, ou le *Shujing (Livre de l'Histoire)*, un exemplaire rejoignit la bibliothèque impériale… Le savoir ne fut pas perdu pour tout le monde.

Mais le Légisme rattrapa certains de ses créateurs. Le plus célèbre d'entre eux, Han Fei Zi, auteur prolifique qui avait embrassé la cause du roi Zheng de Qin, fut accusé d'espionnage et acculé au suicide par Li Si. Quant à la dynastie du grand Empereur, elle fut la plus courte de l'Histoire. Le paysan Liu Bang la renversa en créant la dynastie Han en – 206.

Si l'écrit reste sacré, la mémoire l'est tout autant. Le premier historien que la Chine connut est Sima Qian. Il naquit en - 145 et mourut vers – 86, sous la dynastie des Han Antérieurs. Son père occupait à la Cour le poste de Duc Grand Astrologue et avait commencé à classer un certain nombre d'archives officielles relatives à l'Histoire. Au décès de son père, Sima Qian, qui avait reçu une excellente éducation, hérita de son poste de fonctionnaire et continua l'œuvre paternelle. Il avait 36 ans et c'était pour lui un hommage de piété filiale toute confucéenne. Malheureusement, il eut la très mauvaise idée de se mêler d'une affaire politique qui le dépassa complètement. Il plaida la cause d'un général qui s'était rendu aux Barbares Xiongnu. Ceci provoqua la colère de l'Empereur Wu. Sima Qian passa en justice et fut condamné à la castration.

Il aurait pu préférer le suicide, mais comme il n'avait pas terminé son grand ouvrage historique, il choisit la vie bien qu'accompagnée du déshonneur de la castration. Il mourut juste après l'avoir achevé. Il nous laisse un trésor pour les historiens que nous sommes car il eut accès à des ouvrages malheureusement disparus au fil du temps. Son *Shiji* (*Mémoires Historiques*) est un modèle du genre. Il rédigea un texte colossal de 526.500 caractères, répartis en 130 chapitres. Il se divise en cinq parties. Les Annales (*benji*), rapporte l'histoire événementielle de chaque dynastie de l'antiquité. Les Tableaux (*biao*) forment un récapitulatif thématique daté. Les Traités (*shu*) concernent le calendrier, la musique, l'économie. Les Maisons Héréditaires (*shijia*) nous font découvrir l'ensemble des principautés avant l'Empire de Qin Shihuangdi. C'est dans cette section que l'on peut lire la biographie de Confucius. Avec un témoignage émouvant puisqu'il se rendit sur la tombe du Maître. Les Monographies (*liezhuan*) rassemblent divers sujets : une biographie de Lao Zi, celles de poètes ou de personnages historiques. Le dernier chapitre reste privé puisque Sima Qian se livre tel qu'en lui-même et évoque le but de son travail. C'est son petit-fils, Yang Yun, qui publia son œuvre. Le *Shiji* restera le parangon de la pratique historique. A sa suite, d'autres historiens s'employèrent à rédiger l'histoire dynastique de celle qui

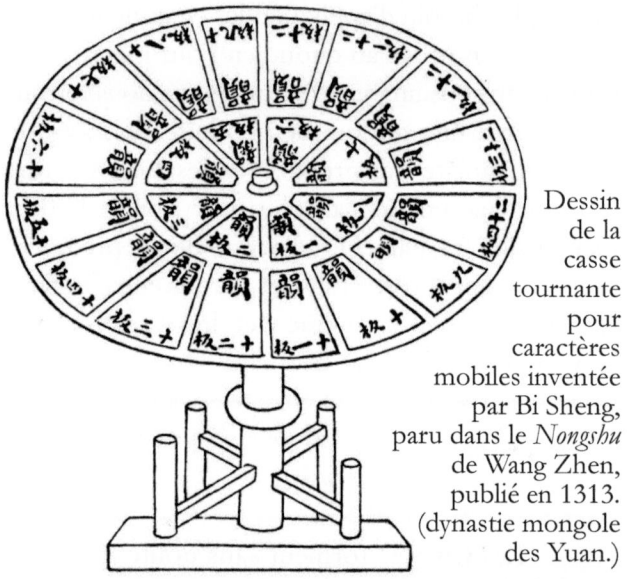

Dessin de la casse tournante pour caractères mobiles inventée par Bi Sheng, paru dans le *Nongshu* de Wang Zhen, publié en 1313. (dynastie mongole des Yuan.)

Commons.wikimedia.org / photo : Parhamr

précéda leur époque. S'ensuivirent vingt siècles de compilations d'archives et de rédaction…

C'est sous les Han que l'on décida de quadriller le savoir. On élabora les Cinq Classiques, (confucéens) indispensables à étudier pour tout lettré qui aurait désirer se présenter aux examens. Ils seront neuf au temps de la dynastie Tang (618 – 907) et treize sous la dynastie Song (960 - 1279).

Pour parfaire l'encadrement, il fut organisé un système exemplaire de la fonction publique. C'était une très ancienne idée chinoise. Puisque déjà sous les Zhou, le texte du *Zhouli* expliquait les différents rouages du gouvernement avec ses ministères. Peut-être un gouvernement idéalisé, jamais appliqué. Toujours est-il que sous les Han, Liu Bang, une fois proclamé Empereur, instaura les examens nécessaires pour entrer dans la fonction publique. Ce que nous appelons en Occident les « examens mandarinaux ». Mais l'Empereur Wu ira beaucoup plus loin. Il établit en – 136 des chaires pour les savants rompus à l'étude des Cinq Classiques, puis en -124, il crée une Académie Impériale. La méthode était lancée. Elle ne cessa d'évoluer en se compliquant et en donnant un programme strict à étudier. Si le système semble lourd, il a eu au moins le mérite de mettre en avant les études et l'apprentissage du savoir, faisant de tout fonctionnaire, un lettré digne de ce nom. En apportant une cohésion à toute une civilisation. Ce n'est qu'en 1905, que les examens furent abolis, annonçant sans doute la fin d'un monde puisque l'Empire s'écroula en 1911.

Nous ne pourrions terminer cet essai sur les méthodes de pensée qui font la trame des techniques méthodologique de la Chine, sans mentionner une double invention : le papier et l'imprimerie. Si sous les Shang on utilisa les *jiagu* et que l'on était capable de fabriquer une sorte de papier-tissu à base d'écorce de mûrier, que l'on écrivit ensuite sur des baguettes de bambou reliées entre elles par des liens ce qui permettait de former des rouleaux, que la soie pouvait servir de support d'écriture (et de peinture) tout en restant relativement précieuse, c'est l'invention du papier qui donna une impulsion sans précédent à l'écrit. Le plus ancien morceau de papier du monde est chinois et il date du 2$^{ème}$ siècle avant JC. Il fut découvert en 1957, à Baqiao près de Xi'An. Ce papier pouvait servir à l'hygiène intime, à l'emballage, comme mouchoir jetable ou comme vêtement. C'est Cai Lun qui sut travailler le matériau et le peaufiner pour en faire une véritable feuille de papier apte à recevoir l'écriture. Il la présenta officiellement à l'Empereur en 105. Au temps de la dynastie Tang, on produisait des feuilles par millions… C'est grâce au papier que la xylographie naquit au 8$^{ème}$ siècle. Le premier ouvrage d'envergure que l'on imprima est le *Sutra du Diamant (Jingang jing)*. Il est daté de 868. Il est conservé à Londres à la British Library. Sous les Tang, on eut même l'idée d'inventer les premiers billets de banque que l'on nommait *fei qian* « monnaie volante ».

Ecrire, c'est imprimer et diffuser. La typographie vit le jour grâce à Bi Sheng, au 11ème siècle. Il eut l'idée de fabriquer des caractères mobiles en céramique. Une méthode qui peut sembler géniale à nous Occidentaux qui écrivons avec 26 lettres de notre alphabet latin. Une énorme complication pour composer un texte chinois : il faut parfois utiliser des dizaines de milliers de caractères classifiés par ordre de traits. On imagine comment repérer chaque caractère un par un peut prendre un temps fou. Les Chinois continuèrent donc à utiliser la xylographie : le texte, surtout un Classique, étant établi une bonne fois pour toute en étant sculpté sur une planche de bois que l'on pouvait stocker aisément.

Bi Sheng inventa donc la méthode la plus révolutionnaire pour imprimer mais qui ne servit à rien. Tout au moins pour les Chinois. Ce qui nous renvoie à la méthode la plus taoïste qui soit : de l'utilité de la non-utilité.

**Eulalie Steens**

# LA MÉTHODE, APPROCHE RATIONNELLE DE LA RÉALITÉ

Une méthode implique la standardisation, facilitant la production

**Yves Le Maître - Ingénieur Expert en Sécurité Incendie**

Le célébrissime Discours de la Méthode de Descartes commence par ces quelques lignes :

> *« Le bon sens est la chose du monde la mieux partagée : car chacun pense en être si bien pourvu, que ceux même qui sont les plus difficiles à contenter en toute autre chose, n'ont point coutume d'en désirer plus qu'ils en ont. En quoi il n'est pas vraisemblable que tous se trompent; mais plutôt cela témoigne que la puissance de bien juger, et distinguer le vrai d'avec le faux, qui est proprement ce qu'on nomme le bon sens ou la raison, est naturellement égale en tous les hommes; et ainsi que la diversité de nos opinions ne vient pas de ce que les uns sont plus raisonnables que les autres, mais seulement de ce que nous conduisons nos pensées par diverses voies, et ne considérons pas les mêmes choses. »*

Si l'énoncé semble à vrai dire évident, sa conception autrefois comme aujourd'hui relève d'une intelligence aiguisée, et révèle avant tout un sens critique que l'auteur appliqua à lui-même, ce qu'il s'empresse d'exprimer par la suite.

Comparons les Évangiles et ce que déclara le Christ des siècles avant lui, à ce qu'écrit Descartes :

> *« Tu dénonces avec force la paille dans l'œil du voisin, alors que la poutre qui est dans le tien, tu ne la remarques pas »*

C'est édifiant. Edifiant de voir à quel point le *Discours de la Méthode* inspire tant de philosophes et bien-pensants, alors que par des paroles bien plus simples le Christ va beaucoup plus loin et n'inspire finalement qu'un rejet tellement policé des mêmes philosophes qu'il en perd toute aspérité.

Le Christ va plus loin parce que par ces paroles, il décrit l'accès à la vérité, alors que Descartes, bien conscient de ses propres limites, cherche à les repousser par une méthode intellectuellement honnête, et spirituellement inspirée. Le Christ est plus simple et plus direct, parce que du point de vue où il se trouve il n'y a que de la place pour la vérité, qu'il incarne. Il dépasse par son état toutes les limites humaines et qu'il représente la victoire de la vérité sur le mensonge qu'est l'incarnation. Pour cette seule raison ses paroles brillent par leur simplicité de cœur. On ne peut percevoir la réalité de façon juste que par une perception totale et immédiate.

Mais Descartes, en homme raisonnable, laissant à Dieu ce qui est à Dieu, et s'adressant à des Hommes leur propose de franchir une étape en décomposant l'approche honnête de la réalité, sous n'importe quelle forme qu'elle soit puisque le processus s'applique en tout domaine. Le Discours de la Méthode est une méthode pour fait progresser son prochain, et prendre en exemple sa propre poutre afin d'y discerner la paille.

---

*Lorsque l'on détermine une méthode, on établit des contraintes, avec des obligations et des interdictions, cela constitue un chemin balisé, une structure qui conditionne un résultat.*

---

L'œuvre de Descartes eut un tel écho, et fut tellement célébrée par les intellectuels de tous bords qu'on qualifia les Français de « cartésiens ». Cette assertion n'est qu'un excès de plus dans un océan de banalités. Car oui, une banalité est un excès, un polluant de plus parmi tant d'autres qui encombrent l'horizon du quotidien.

La méthode cartésienne, définitivement associée au rationalisme scientifique, a été très largement exploitée pour assurer et un statu quo et de réels progrès durant plus de deux cents ans. A la différence que cette même méthode aboutit à l'élaboration des principes les plus aboutis de ce qu'il faut bien appeler de la propagande, les derniers en date passant par les réseaux sociaux, qui constituent l'exemple parfait du rationnel au service du mensonge. Et c'est à ce constat que l'on comprend pourquoi le Christ parle en parabole, car selon Lui, c'est pour que les méchants ne comprennent pas.

Lorsque l'on parle de méthode, il faut parler de méthode d'analyse, élément préalable à toute décision. C'est ainsi que l'exercice du libre arbitre participe de l'élévation de la conscience.

Lors de la prise de conscience, ou plus simplement de l'observation des faits, démarche applicable à tous les domaines de l'existence, l'individu s'appuie sur ses sens, essentiellement la vue et traite les informations perçues au travers de son expérience acquise pour les interpréter. L'importance de l'éducation et de l'histoire d'un individu joue ici son plein rôle. Les erreurs acquises, mêmes accidentellement, doivent pouvoir être corrigées à l'aune des résultats des choix exercés. C'est ce qu'on appelle le retour d'expérience.

Tout le Discours de la Méthode ne tient qu'à cette démarche.

Dans l'activité de préventionniste, qui consiste à faire appliquer les règles de sécurité contre les risques d'incendie et de panique dans les établissements publics ou privés, il est fait appel à un ensemble de méthodes qui, combinées entre elles, constituent une protection jugée suffisante pour assurer un niveau de sécurité, donc un contrôle du risque suffisant du point de vue du législateur, qui est en principe le représentant du peuple.

Ces règles sont divisées par catégories, qui concernent différents aspects du traitement des risques envisagés. On divisera d'abord les établissements par type d'activité, capacité d'accueil et hauteur des édifices pour en déterminer le Type et la Catégorie. On différencie ainsi les maisons de retraite des bibliothèques ou des pavillons d'habitation et des Tours. Mais les Tours sont aussi différenciées entre elles, en fonction du type d'activité.

Selon les cas, on proposera des obligations plus lourdes, ou des interdictions absolues pour atteindre les objectifs de sécurité. Le traitement des cheminements d'évacuation fait l'objet de nombreuses obligations ou limitation, et constitue dans tous les cas un point prioritaire. Les locaux, les revêtements et les matériaux font l'objet d'un traitement en matière de risques particuliers. Toutes les sources d'ignitions électriques et les moyens de mise en sécurité électriques ou électroniques ont aussi une belle place dans l'ensemble, qui finalement est tout à fait comparable à un algorithme complexe à plusieurs entrées et sorties.

Ces textes évoluent dans le temps, tant et si bien que les gouvernements récents ont fini par en restreindre la production, les contraintes finissant par faire s'unir les voix contre ce qui est compris comme un excès de règles.

Toutefois, il est convenu d'observer que les textes français sont les plus aboutis et les plus performants au monde. Différents pays s'en sont in-

Cette tour est la Tour de Contrôle tenue de nos jours pour la plus haute du monde, au Suvarnabhumi International Airport, près de Bangkok, en Thaïlande. Domaine public, "own work."

Les premiers gratte-ciels furent rendus possibles par l'exploitation de l'ascenseur muni de sécurités anti-chute, présenté par Elisha Otis dans les années 1850.

spirés ou les ont tout simplement copié en leur temps. Ils sont tellement efficaces que le nombre de décès pour cause d'incendie en France est extrêmement faible dans les établissements ouverts au public et dans les Tours, aussi appelées immeubles de grande hauteur.

Et c'est là que la méthode trouve sa limite.

Lorsque l'on détermine une méthode, on établit des contraintes, avec des obligations et des interdictions, cela constitue un chemin balisé, une structure qui conditionne un résultat.

Ce conditionnement ne fait pas forcément l'affaire de ceux à qui il s'adresse, et d'une manière

L'alchimiste, par William Fettes Douglas (1822-1891). Image du domaine public.

générale, il n'est pas possible au travers d'une méthode aussi rompue soit elle d'envisager toutes les issues sans les connaitre au préalable. Il faut donc traiter au cas par cas lorsque les projets architecturaux sortent de l'ordinaire ou que les usages ne correspondent pas aux exigences réglementaires. C'est ainsi qu'il a été établi un règlement particulier pour les maisons de retraites, alors qu'elles étaient auparavant soumises au même régime que les hôpitaux et cliniques en tant qu'établissements sanitaires.

Cela devient plus cornélien lorsque les interprétations individuelles, et les intérêts personnels ou de groupes viennent à s'exprimer. Lorsque l'on convient d'un ensemble de règles, il n'est pas forcément évident d'en voir le sens global et la pertinence à terme. L'avantage qu'il y a à diffuser une méthode, c'est que cela permet de faire progresser tous ceux à qui elle s'adresse, car s'ils l'appliquent avec rigueur, ils obtiendront un résultat de qualité. C'est en tout cas ce que l'on attend d'une méthode.

Mais il n'est pas garanti d'obtenir un résultat et ensuite d'en comprendre la logique, et encore moins le chemin qui a permis d'aboutir à la création de la méthode. Si la logique n'est pas comprise, elle ne peut être partagée, et la dérive, insidieuse, sans conséquence à priori, s'installe.

*C'est une autre méthode qui prétend être scientifique, qui s'appuie sur la méthode scientifique mais qui n'est que corruption.*

Au point par exemple que désormais et jusqu'à nouvel ordre onze vaccins sont obligatoires pour les nouveaux-nés, alors que déjà l'usage d'un seul mérite réflexion. On pense la méthode utile, on la sait lucrative, il est facile d'imposer par des discours creux et ignorants un point de vue sous le prétexte qu'il serait « scientifique », donc toute opposition sera ramenée à la théorie du complot, nouveau nom scientifique donné pour obscurantisme.

Lorsqu'il est imposé des obligations et des interdictions, elles sont rarement perçues comme avantageuses. Et les remises en cause, ou les aménagements ne tardent pas à se présenter. Dans le cas de la réglementation incendie, celle-ci tombe sous le coup de la loi et son non-respect peut tomber dans la juridiction pénale. Mais il est très rare qu'un responsable soit seulement inquiété, en cas de faute évidente et volontaire. La rigueur excellemment apportée par une réglementation équilibrée devrait apporter un regain de qualité à tous les ouvrages et à leurs intervenants tant la réflexion qu'elle impose peut apporter des solutions ingénieuses qui finissent par aboutir à une amélioration de l'ensemble.

C'est le contraire que l'on constate dans certains cas, avec une progression de la médiocrité allant jusqu'au fatalisme au sein même de l'administration supposée veiller au respect des règles.

La réglementation contre les risques d'incendie et de panique dans les établissements recevant du public a été imposée en 1965 en France sous sa forme actuelle, et complétement révisée en 1980.

Celle pour les immeubles de grande hauteur a été publiée au Journal Officiel en 1974, puis révisée en 2012, après plus de 15 ans de tergiversations et sans réel changement significatif. Celui concernant les immeubles relevant du code du travail a été repris en 2008, et celui de l'habitation datant de 1982 n'a jamais été revu, sinon à la marge avec les détecteurs de fumée autonomes, pour lesquels la France avait un retard abyssal.

Il est dommage d'investir lourdement dans des établissements publics, où le risque est devenu faible, alors que pour quelques euros on peut sauver quelques vies dans un appartement ou une maison, qui représentent plus de 80 % des décès pour cause d'incendie, et essentiellement par la fumée.

Observons la méthode scientifique. En principe, on tient pour acquis quelque chose de mesurable et reproductible dans des conditions décrites pour permettre d'obtenir le résultat escompté.

Le problème se situe d'abord dans la mesure. Le premier instrument de mesure est l'Homme lui-même, c'est précisément pour cette raison que la méthode scientifique déploie, en principe, toute sorte de stratégies mûrement réfléchies pour écarter l'erreur humaine.

Mais l'expérience aidant, on utilisera aussi certains facteurs pour favoriser un résultat plutôt qu'un autre, ou mieux encore, on écartera certains facteurs pour anéantir une démonstration. C'est une autre méthode qui prétend être scientifique, qui s'appuie sur la méthode scientifique mais qui n'est que corruption.

On peut donc établir sur la base de ces constats que l'utilisation d'une méthode n'est en rien un gage de bon sens, ni de bonne foi. Une méthode reste un outil, et ce qui fera la qualité de l'ouvrage ne sera pas seulement l'outil, mais surtout l'artisan.

Cette approche de la réalité, que l'on nomme méthode et qui définit le bon sens comme l'outil de base, peut aujourd'hui être révisé par une définition plus affinée, et beaucoup plus critique encore.

Il s'agit donc d'élever l'Homme à ce qui le caractérise, à ce qui le définit. Pour y parvenir, il existe encore des méthodes, mais celles-là sont d'un autre ordre.

La méditation, la prière, la contemplation ont en commun un mode de fonctionnement particulier que l'on peut définir comme une déconnection du processus mental. Ainsi, par ces pratiques, les corps émotionnels et physiques retrouvent une écoute depuis la conscience.

L'observation et la pratique quotidienne de toute méthode en fait, en principe, apparaitre les limites. Une méthode, pour être utilisée savamment, doit être comprise dans son ensemble, et non pas perçue comme un dogme. Une méthode n'est pas une réponse, ou une vérité absolue, c'est un outil. Lorsque l'on se cache derrière une méthode pour valider ou faire valider un projet, quel qu'il soit, on prend un risque, risque qu'il faut pouvoir mesurer.

L'emploi d'une méthode ne devient pervers que lorsque cette méthode n'est pas appuyée d'une sévère autocritique. En outre, et c'est cela me semble-t-il le plus important, un logigramme, ou un algorithme puisque ce terme est tellement à la mode, ne présent d'intérêt réel que si l'on peut en faire la synthèse et en tirer les inconditionnels.

Quel que soit le mode de réflexion, ce sera le degré de précision, et donc d'exactitude, qui déterminera la qualité du résultat. C'est ici la limite de la modélisation mathématique, légale ou philosophique.

Le degré de tolérance est un facteur humain déterminant. Pour cette raison, la démarche spirituelle consiste à avoir le moins de relief possible pour obtenir un meilleur degré de pertinence. Mais ce relief est lui-même conditionné par des facteurs qui s'alimentent entre eux.

Poulets d'élevage intensif, en Vendée. Cette photo nous monte un "élevage doux", les poulets pouvant relativement se déplacer.   Domaine public (Commons).

On peut aller vers le stoïcisme, sauf que les émotions sont aussi un langage qu'il est heureux de connaître. On peut aller vers le rationalisme, sauf qu'il peut être trompeur lorsqu'il est confondu avec le but, alors qu'il n'est qu'un outil. Et, dans notre société moderne et coupée de la réalité la plus élémentaire qu'est la nature, le rationalisme qui a tant contribué à la détruire s'offre particulièrement bien aux manipulations et aux mensonges. Les sophismes y sont nombreux.

La méthode, bien souvent, est détournée au profit des intérêts de ceux qui l'utilisent, convaincus qu'ils sont, que c'est à cela qu'elle sert.

Pour cette raison, le marasme social actuel et cette obsession de la théorie du complot envahissent tous les débats, si de débats il est encore question. Pour certain, qu'un corpus de méthodes nommé « idéologie » soit inefficace ou pire contradictoire avec le but affiché n'est pas une raison pour remettre en cause sa croyance.

Pour d'autres, et c'est encore plus grave, qu'un corpus de méthodes qu'on associe souvent à un discours utopique empreint de la notion idéale de progrès puisse constituer une idéologie n'est pas gênant en soit, puisque les avantages que l'on en tire potentiellement sont largement supérieurs aux désagréments que l'on constate tous les jours. A tel point que le fait de désigner la science comme une autre religion de par ses aspects interprétatifs de la réalité, et ses interdits en matière de monde invisible est inacceptable, car cette prise de conscience aboutirait tôt ou tard à une remise en cause des principes dits scientifiques, et dont les avantages constituent la part principale de notre quotidien.

---

*Le degré de tolérance est un facteur humain déterminant.*

---

Or, le principe même de la méthode a abouti à une standardisation telle, que les fruits et légumes devraient pouvoir être présentables tel un produit d'usine. Le fait qu'ils ne remplissent que bien peu leur rôle nourricier, et qu'au contraire ils finissent par constituer un poison, du fait de la méthode productiviste, a débouché après maints scandales et quelques décisions fortes et engagements courageux à l'apparition sur le marché de produits issus de l'agriculture biologique. On se souvient encore des poulets aux hormones. La méthode consistait à faire mieux que la nature, cette chose qui fonctionne par accident et sans réflexion, en distribuant des hormones de croissance à des animaux enfermés à vie.

Mais le principe de la méthode, à l'origine de ces désastreux excès n'a pas été revue. Elle est forcément bénéfique, puisqu'elle permettrait de diffuser largement les bienfaits de la compétence de quelques-uns au plus grand nombre.

La réalité est toute autre.

Toute méthode est la conséquence d'un travail de réflexion, qu'il soit empirique, comparatif, expérimental ou ayant fait l'objet de mesures précises que traduisent des équations mathématiques complexes. Mais une méthode reste une approche humaine. Elle est donc constituée des motivations humaines. Ce n'est pas une hérésie en soi, c'est l'usage excessif pour ne pas dire démesuré d'une méthode qui produit son échec, car toute méthode est porteuse d'une idée que ce fait l'Homme de la réalité. Une méthode mise en œuvre massivement a un effet de levier particulièrement puissant, ce qui la rend très difficilement contrôlable.

Le point commun essentiel à la plupart des méthodes est la standardisation. Cette standardisation des produits qui serait un gage de qualité a eu pour conséquence une pollution massive et sans précédent. Elle s'est infiltrée dans les pensées, pour qui les idées sont diffusées selon des vecteurs standardisés et sous contrôle. Un grand théoricien de l'information, Marshall Mac Luhan, écrivait que le vecteur de l'information, c'est l'information.

*Nos sens nous trompent, sur à peu près tout. L'usage de méthodes permet en principe d'y remédier, mais les limites sont vites atteintes, et le remède peut rapidement devenir poison.*

L'uniformisation de la pensée ne date pas d'hier, mais elle a pris une dimension nouvelle à la fin du XIXe siècle et plus encore au XXe. L'internet a remis en cause cette standardisation, tout en aggravant la réduction de la perception de la réalité au travers d'outils qui ne sont que l'extension de sens physique. Internet est ouvert à tous, désordonné, qu'à cela ne tienne, un seul réseau social sera validé, et tous les échanges seront sous contrôle. La méthode productiviste l'emporte sur toutes les autres. Ceux qui s'opposent à la pensée dominante seront taxés des derniers crimes à la mode, et avec un peu d'effort la pédophilie sera une exception acceptable. Voilà à quoi aboutit la méthode, et son excès d'usage. L'outil est trop puissant, il est incompris, et il est déposé entre les mains de n'importe qui.

Autrefois, certains savoirs étaient conservés secrets, comme les mathématiques, ou l'architecture sacrée, par exemple, le savoir des druides n'étant transmis qu'oralement et aux personnes choisies. Notre époque invite à une transmission la plus large possible, ce qui permet à des dictateurs d'obtenir des armes de destruction massive et aboutit à des recrutements de personnel parfois hasardeux.

Le principe d'une méthode semble valide dès lors qu'elle établit selon des principes rigoureux, et suivant une logique incontestable. L'usage de la méthode est un reflet parmi d'autres de ce que croit l'Homme en ce qui concerne son raisonnement. Un raisonnement serait pertinent parce qu'il serait éprouvé.

Mais éprouvé par qui, dans quel contexte, avec quels moyens ? Tout change, tout est en mouvement à des rythmes souvent tellement lents qu'ils sont réellement imperceptibles, telle la dérive des continents. La méthode cache une limite de compétence inhérente à nos limites physiques actuelles.

Nos sens nous trompent, sur à peu près tout. L'usage de méthodes permet en principe d'y remédier, mais les limites sont vites atteintes, et le remède peut rapidement devenir poison. Un poison mortel qui détruit rapidement toute vie sur terre, car l'industrialisation, c'est l'usage de la méthode à très grande échelle et par le plus grand nombre possible, au mépris des règles les plus élémentaires de la vie. La vie qui ne s'embarrasse guère de méthodes sinon pour en changer quand elles ne sont plus utiles.

Le bon équilibre consistera à compléter la méthode par une amélioration quotidienne de son discernement et une recherche de simplicité pour chaque individu. La simplicité, pour ne pas dire l'humilité, cette vertu essentielle, qui devient indispensable pour acquérir une vision synthétique de chaque sujet que l'on aborde dans l'existence.

**Yves Le Maître**

# SPIRITUALITÉ MODE D'EMPLOI

L'indispensable évocation des méthodes du mysticisme pratique

### Jean-François Henry - Scénariste, vidéaste

De tout temps et en tous lieux, des « illuminés » de tout poil ont affirmé avoir eu accès à une dimension surnaturelle qu'ils nomment Extase, Réalité Ultime, Conscience Globale, Fusion avec le Divin, Brahman, Nirvana, Samadhi, Satori, ou Moksha, bref, un Paradis… De Djalâl Ad-Din Rûmi à Sankara, de Ramakrishna à Marguerite Porete, en passant par Bayazid de Bistun et Emmanuel Swedenborg, tous ces « illuminés » ont témoigné de l'existence de cette dimension, que Jean Herbert décrit ainsi : elle « *correspond à un bonheur parfait, divin, qui n'est non pas l'opposé de la souffrance, mais un état au-dessus de la dualité joie et douleur.* » Et ils nous ont indiqué, soit directement, soit par l'intermédiaire de disciples fidèles, les « chemins » permettant d'y accéder.

Tentons, si vous le voulez bien, dans le cadre de ce numéro consacré aux méthodologies, de passer en revue ces « *Chemins de Lumière* », pour reprendre l'expression d'Isha Schwaller de Lubicz, qui se nomment aussi : effort, discipline, dévotion, souffrance, persévérance et fort heureusement : Amour !

Bien entendu, cet inventaire ne prétend pas être exhaustif. Il est forcément sélectif, car tributaire du savoir d'un moment et du parti pris de son auteur.

### L'Ouverture des Chemins

Commençons par noter que ces chemins, quels qu'ils soient, possèdent tous une caractéristique commune. Ils ne s'ouvrent que devant celui qui développe : « *une tendance à l'intériorité, à la concentration sur l'essentiel et une liberté à l'égard des institutions, des œuvres de piété et des contraintes de la dogmatique.* » (Hans Kung)

Le postulant à l'ouverture des chemins doit savoir apaiser ses humeurs et ses émotions, « *de façon à ce qu'il soit possible de concentrer l'esprit aux fins d'une prise de conscience* » (*Ashvaghosha*).
Et surtout, être attentif à l'accomplissement des œuvres, jamais à leurs fruits.

Il doit aussi abandonner toute espèce d'identification avec le corps et le monde matériel.

Les Maîtres tantriques recommandent par exemple, de renoncer au succès :

> « *Comment se fait-il qu'à peine un succès obtenu, tous, régulièrement, se mettent à la recherche d'un autre ? Le véritable succès serait la destruction de la douleur, c'est-à-dire le bonheur. Mais là où il reste toujours quelque chose à accomplir, on ne peut pas parler d'élimination de la douleur, de bonheur. C'est le « ceci est à accomplir » lui-même qui, en fin de compte, constitue l'essence de la douleur.* » (*Tripurarāhsya*)

Autre renoncement indispensable : les lamentations sur la mort, celles de ses proches et les siennes propres. Il est écrit dans le *Srimad Bhâgavatam*, le plus célèbre des Puranas, que Jean Varenne n'hésite pas à considérer comme le maître livre de l'humanité :

> « *Songe à ta nature véritable et à celle de ceux dont tu pleures la disparition. Es-tu ton corps ou bien es-tu distinct de lui ? Le corps a la nature d'un agrégat. Si tu considères qu'un agrégat périt dès lors qu'un de ses éléments disparaît, alors tu devrais convenir que le corps est détruit à chaque instant, comme en témoigne la formation des urines, des excréments, des mucosités, la pousse des cheveux et des ongles, etc.* ».

Les bouddhistes ajoutent à ces conditions préalables :
- La cessation de toute pensée négative et la disparition de toute haine en soi :

> « *Il m'a injurié, il m'a battu, il m'a vaincu, il m'a volé ! Chez ceux qui entretiennent des pensées semblables, la haine ne cessera jamais.* » (*Tripitaka*)

- La nécessité impérative de ne point édifier ses opinions sur ses sens et ses pensées.
- Et, selon Bouddhagosha, moine du V$^e$ siècle, la recherche de l'équilibre entre foi et entendement, entre concentration et énergie :

> « *Celui qui est fort en foi et faible en entendement mettra en général sa confiance dans des gens bons à rien et croira au mauvais objet. Celui qui est fort en entendement et faible en foi penchera pour la malhonnêteté et sera difficile à guérir. Celui chez qui les deux sont égaux croira à l'objet convenable. Celui qui est fort en concentration mais faible en énergie sera envahi par l'oisiveté. Celui qui est fort en énergie mais faible en concentration risque de tomber dans la distraction, puisque l'énergie participe de la nature de la distraction. C'est pourquoi concentration et énergie doivent être rendus égaux l'un à l'autre, puisque c'est de l'égalité entre eux que provient la contemplation de l'extase.* »

Les taoïstes, toujours pragmatiques, réduisent le nombre de ces dispositions préalables à une seule : la compréhension du *wuweï* (non-agir) :

> « *Celui qui cherche l'érudition s'enrichit chaque jour ; celui qui cherche le Tao s'appauvrit quotidiennement. Il devient de plus en plus pauvre jusqu'à ce qu'il arrive au non-agir ; avec le non-agir, il n'est rien qu'il ne puisse réaliser.* »

Socrate, quant à lui*** (voir la note au bas de la page suivante *Ndlr*), conditionne toute progression sur les chemins spirituels à ses fameux « *trois tamis* » :

Jean-François nous a fort généreusement confié plusieurs dessins de sa plume, destinés à illustrer son article.

« Un jour, quelqu'un vint voir Socrate et lui dit :
– Écoute, Socrate, il faut que je te raconte comment ton ami s'est conduit.
– Arrête ! interrompit l'homme sage. As-tu passé ce que tu as à me dire à travers les trois tamis ?
– Trois tamis ? dit l'autre, rempli d'étonnement.
– Oui, mon bon ami, trois tamis. Examinons si ce que tu as à me dire peut passer par les trois tamis. Le premier est celui de la vérité. As-tu contrôlé si tout ce que tu veux me raconter est vrai ?
– Non, je l'ai entendu raconter et…
– Bien, bien. Mais assurément tu l'as fait passer à travers le deuxième tamis. C'est celui de la bonté. Ce que tu veux me raconter si ce n'est pas tout à fait vrai, est-ce au moins quelque chose de bon ?
Hésitant, l'autre répondit : Non, ce n'est pas quelque chose de bon, au contraire…
– Hum ! dit le Sage, essayons de nous servir du troisième tamis et voyons s'il est utile de me raconter ce que tu as envie de me dire…
– Utile ? Pas précisément…
– Eh bien ! dit Socrate en souriant, si ce que tu as à me dire n'est ni vrai, ni bon, ni utile, je préfère ne pas le savoir, et quant à toi, je te conseille de l'oublier. »***.  (cité par Jean Vernette)

Pour l'Église chrétienne, il n'y a qu'un seul chemin et il réside exclusivement dans « *l'imitation de Jésus-Christ* » :

« *Aimez vos ennemis, bénissez ceux qui vous maudissent, faites du bien à ceux qui vous haïssent et priez pour ceux qui vous maltraitent et qui vous persécutent.* » (*Évangile selon Matthieu*)

\*\*\* Cette citation douteuse ne semble pas provenir de Platon, et serait une adaptation apocryphe et moderne, en paraphrase des 4 causes d'Aristote, disciple de Platon, car on pourrait la résumer par *Dire quoi à qui, comment et pour quoi faire*. Jean Vernette est aussi l'auteur d'un (mauvais ?) que sais-je sur la "Réincarnation"…    *Ndlr*

Mais il faut admettre que seul un saint du gabarit de François d'Assise peut mettre en pratique de tels préceptes. Pour tous les autres, pour les misérables que nous sommes, tous ces « *vilains sacs de péchés* », incapables d'imiter l'exemple de Notre-Seigneur Jésus, l'Église propose comme alternative unique : le repentir, la contrition, l'auto-flagellation, en un mot : la souffrance. Hors de la souffrance, point de salut ! Et elle n'hésite pas à envoyer au bûcher les impudents qui disent explorer d'autres chemins.

Ce fut le cas de la béguine Marguerite Porete, qui composa en 1300 *Le Miroir des simples âmes et anéanties et qui seulement en vouloir et désir d'amour*, livre surprenant qui exerça une influence profonde sur Maître Eckhart.

Il n'est dès lors guère étonnant que la plupart des illuminés occidentaux aient fui les églises constituées et ne décrivent leurs expériences que sous couvert d'ésotérisme.

Comme nous venons de le voir, l'Ouverture des Chemins n'est pas donnée à tout le monde. Elle nécessite a priori un paquetage de vertus que seule la Grâce ou un long travail sur soi-même peuvent octroyer. D'autant, qu'une fois sur le chemin, le postulant doit encore faire face à toutes sortes d'épreuves.

« *Il y a trois classes de conditions qui nous empêche d'avancer le long du sentier de l'illumination,* – nous dit Ashvaghosah, poète bouddhiste du premier siècle – *il y a d'abord les attraits provenant des sens, des conditions extérieures et de l'esprit discriminateur. En second lieu, il y a les conditions intérieures de l'esprit, ses pensées, ses désirs et son humeur. Dans la troisième classe se rangent les incitations instinctives et fondamentales de l'individu (donc les plus insidieuses et persistantes) : la volonté de vivre et de jouir, la volonté de chérir sa personnalité, la volonté de se multiplier, qui donnent naissance à l'avidité et à la cupidité, à la peur et à la colère, à l'engouement, à l'orgueil et à l'égotisme.* »

Donc, même une fois engagé sur un chemin, ce n'est pas gagné, car l'égo guette à tout instant pour vous faire trébucher.

« *Il est difficile de se défaire de son égoïsme*, prévient Ramakrishna. *Le bol dans lequel on a conservé du suc d'ail ou d'oignon en retient l'odeur pénétrante, serait-il lavé cent fois. De même, il reste toujours en nous quelque trace d'égoïsme.* »

Se détacher de l'égo nécessite un labeur long, pénible et douloureux, et parfois plusieurs existences. Un texte de Bayazid de Bistun, mystique soufi du IX$^e$ siècle, l'illustre parfaitement :

« *Pendant douze ans, j'ai été le forgeron de mon âme. Je l'ai mise dans la fournaise de l'austérité et brûlé au feu du combat, je l'ai posée sur l'enclume du reproche, et l'ai frappée avec le marteau du blâme, jusqu'à ce que j'eusse fait de mon âme un miroir. Pendant cinq ans j'ai été le miroir de mon moi, et j'ai constamment poli ce miroir au moyen de divers actes d'adoration et de piété. Puis, pendant un an, j'ai fixé mes regards en contemplation. J'ai vu autour de ma taille une ceinture d'orgueil, de vanité, de fatuité et de confiance en l'approbation de mes œuvres. J'ai travaillé pendant cinq ans encore jusqu'à ce que cette ceinture fût usée…* »

Quand l'eau n'est pas assez tiède, colorée ou aromatisée à son goût, la cruche peut aussi protester... Dessin JFH.

Autre épreuve, tout aussi difficile à surmonter, celle des « démons de l'inconscient », individuel ou collectif.

« *Bien avant la psychologie des profondeurs, les sages et les ascètes indiens ont été amenés à explorer les zones obscures de l'inconscient ; ils avaient constaté que les conditionnements physiologiques, sociaux, culturels, religieux, étaient relativement faciles à délimiter et, par conséquent, à maîtriser ; les grands obstacles pour la vie ascétique surgissaient de l'activité de l'inconscient, des samskâra et des vâsanâ : imprégnations, résidus, latences qui constituent ce que la psychologie des profondeurs désigne par les contenus et les structures de l'inconscient.* » (Mircea Eliade)

Et pour finir le piège du mental, le labyrinthe de la métaphysique, qui égare le cheminant dans des discours sans fin sur le non-soi, la division de la vacuité, le nuage de la doctrine, la réfutation de la production sans cause, ou bien la hiérarchie subordonnant le père au fils…

Et que la parabole de la cruche résume mieux qu'un long discours : lorsqu'on l'on remplit une cruche, elle fait du bruit, lorsqu'elle est pleine, elle devient silencieuse.

Pour triompher de ces épreuves, nos bienveillants « illuminés » ont mis au point un certain nombre d'«outils».

### Les outils des « illuminés »

Parmi les outils préférés des « illuminés », il y a la méditation.

« *Dans la méditation profonde, l'esprit est complètement éveillé. En plus de l'approche non sensorielle de la réalité, il embrasse aussi tous les sons, tous les spectacles et autres phénomènes de l'espace environnant, mais il n'essaye pas d'analyser les perceptions. Celles-ci ne doivent pas distraire l'attention (…) Imaginez que vous êtes engagé dans cette sorte de duel au sabre qui se déroulait dans l'ancien Japon : tandis que vous affrontez votre adversaire vous êtes constamment vigilant, tendu, prêt. Relâcheriez-vous, même momentanément, votre vigilance, vous recevriez instantanément un coup de sabre. À cause de cette ressemblance entre l'état de méditation et l'état d'esprit du guerrier, l'image du guerrier joue un rôle important dans la vie culturelle et spirituelle de l'Orient.* » (Fritjof Capra)

Patanjali (II$^e$ siècle après J.-C.), considéré comme l'inventeur du yoga, nous explique comment entrer en méditation.

- Il faut tout d'abord se trouver dans l'état de *Yama* : restriction de tout comportement nuisible, ce qui inclut la violence, l'offense, le mensonge, le vol, la luxure, la cupidité.
- Favoriser le *Niyama* : le développement d'un comportement bénéfique, ce qui comprend la propreté, l'austérité, la gratitude, le contentement.
- Pratiquer l'*Asana* : le développement de postures physiques. (Le but des asanas est de préparer le corps à subir les rigueurs de la méditation de longue durée tout en restant dans un état confortable).
- Maîtriser le *Pranayama* : techniques de respiration consciente qui viennent donner de l'énergie au corps.
- Et le *Pratyhara* : retrait des perceptions sensorielles ordinaires et attention limitée à un seul objet.
- Etre en permanence dans la *Dharana* : élaboration d'une concentration constante et soutenue. (le dessin descriptif de cette étape à maheureusement été placé en page 24 - *Ndlr*)
- Et seulement vous pourrez avoir accès à la *Dhyana* que l'on appelle communément méditation.

Osho Rajneesh, gourou adulé des années 70, nous livre un mode d'emploi plus simple :

« *Méditer signifie simplement être, sans rien faire, aucune activité, aucune pensée, aucune émotion. Vous êtes et l'existence est pure félicité.* »

D.T. Suzuki, professeur de Philosophie bouddhiste à l'Université de Kyoto et grand spécialiste de la pensée zen, propose deux enseignements permettant d'accéder à la dimension Ultime. Il y a tout d'abord les *5 Voies de l'École du Nord* :

- Voie 1 : ne pas éveiller le mental.
- Voie 2 : quand le mental est maintenu dans l'immobilité, les sens sont calmés et dans cet état s'ouvre la porte de la connaissance suprême.
- Voie 3 : l'ouverture de la connaissance suprême mène à la libération mystique du mental et du corps.
- Voie 4 : Cette libération dévoile la véritable nature, la voie de l'Unité.
- Voie 5 : la voie de l'Unité ne connaît plus ni obstacles, ni différences. Telle est l'illumination.

Et la méthode plus directe de Hui Neng :

« *Pour obtenir la lumière de l'illumination, il n'y a pas d'utilité à promulguer quoi que ce soit. On est éveillé d'une façon abrupte à ce Soi, il n'y a aucune réalisation progressive.* »

Taisen Deshimaru, introducteur du bouddhisme zen en occident, nomme le premier de ces enseignements le bol, car il nécessite un lent et répétitif travail de nettoyage de son mental, tel un bol que l'on doit récurer en permanence, et le second : le bâton, car le *satori* (illumination) peut advenir d'un coup sans qu'on s'y attende, par le biais d'un paradoxe grammairien, d'un *koan* hermétique dont l'évidence saute soudain aux yeux, d'une réponse absurde à une question qui nous pousse au-delà de la compréhension logique, ou bien du son d'un caillou, d'un bambou, de la gifle d'un maître… Bref, d'un choc mental ou physique.

Autre outil plébiscité par les « illuminés » : la répétition d'un mantra. En général il s'agit d'un mot simple, court et signifiant, comme : « Dieu », ou « Amour ». Le plus célèbre est « OM » ou « AUM », son du commencement des temps qui contient tout ce qui a été, est, et sera. Les bouddhistes, les musulmans, les juifs et les chrétiens voient dans ces mantras des canaux de transmission permettant *« de dépouiller le moi »*, afin qu'ils ouvrent par leur répétition un accès à cette dimension « divine ».

De même, peut être recommandée la concentration intense sur une image ou une idée. Mais il y a le risque que l'image, ou l'idée, devienne une réalité à ce point prégnante qu'elle puisse passer pour la Réalité divine et être adorée de façon idolâtre.

Et il arrive aussi qu'une telle concentration puisse provoquer des phénomènes psycho-physiques : visions, télépathies, télékinésies, lévitations et autres pouvoirs merveilleux. *« Devenir invisible ; traverser sans éprouver de résistance un mur, un rempart, une colline, comme à travers de l'eau ; marcher sur l'eau sans s'y enfoncer, comme sur de la terre ferme, voyager dans les airs… »* (*Tripitaka*) Mais les taoïstes nous mettent en garde : ces pouvoirs sont autant de pièges mortels pour l'âme qui peut dès lors s'enorgueillir de sa toute puissance. L'humilité est nécessaire à toute évolution spirituelle, car, comme le dit la sagesse taoïste :

*« Je marche sur l'eau ! Le moustique aussi !*
*Je vole dans les airs ! Le moustique aussi ! »*

Parmi les techniques d'accès à la Réalité ultime, n'oublions pas la transe qui peut être obtenue par psychotropes ou par une danse prolongée rythmée par les sons lancinants des tambours et la concentration intense. Un disciple qui veut devenir chamane danse avec son Maître jusqu'à ce qu'il absorbe sa puissance. L'initiation chamanique implique toujours un simulacre de mort. Le postulant doit mourir à ce qu'il était et renaître pour ne faire qu'un avec le cosmos en gravissant l'axe rituel, en ouvrant *« les portes d'en haut »*.

Djalâl Ad-Din Rûmi (1207-1273) est un poète mystique soufi dont la notoriété à largement débordé le cadre géographique et culturel de l'islam. Il est le fondateur de la confrérie Mawlawiya, plus connue sous le nom de derviches tourneurs. Pour Rûmi, le Chemin de Lumière passe par la danse, le « *sama* », renouant ainsi avec les mystères des danses primitives qui facilitent l'ascension du chaman vers les états supérieurs de conscience.

*« Lorsqu'un amoureux de Dieu se prépare à danser*
*La terre se retire et le ciel tremble*
*Parce qu'il pourrait frapper du pied avec une telle joie sauvage*
*Que le soleil, la lune et les étoiles risqueraient de tomber. »*

### Les Chemins du New Age

De nombreuses techniques développées par les Maîtres orientaux pour parvenir à l'illumination ont été adaptées ces dernières années par les occidentaux afin de favoriser la gestion du stress, lutter

Jean-François Henry, fin spécialiste, grossit ici le trait bien connu (con)cernant les légendes noires des religions, qui comme beaucoup de groupes humains ont alimenté des égrégores blancs tout en tolérant des égrégores noirs. Eh oui, la Bible est la parole de Dieu, car « Il a parlé par les Prophètes » (...ce passage du Crédo se fonde sur l'Épître aux Hébreux de Paul, texte tardif amenant l'Esprit Saint – *Hagios pneuma* – qui auparavant était l'esprit séparé du Soleil et donnant à Jésus-le-sacrifié le nom de Souverain Sacrificateur - En définitive, ce serait bien une histoire de Sacrifice ?).

contre la « *dysharmonie* », contrôler ces « *tourbillons qui affolent l'âme* », dans un but de « *bien-être* ».

La pratique Chi Gung (ou Qi Gong) rencontre un considérable succès. Le Chi Gung est un ensemble d'exercices vieux de 3000 ans environ.

« *Il s'agit d'une discipline personnelle qui associe l'immobilité, ou mouvement doux, à une respiration régulière et concentrée. Exprimé en termes simples, l'art du Chi Gung signifie : « guider le souffle ». L'énergie est transmise aux méridiens (canaux d'énergie), entraînant un équilibre qui conduit naturellement à une amélioration générale de l'état de santé et à une résistance accrue aux maladies.* » (Pamela Ball)

Il y en a bien sûr d'autres… Thich Nhat Hanh a adapté les enseignements zen à destination des occidentaux et propose 34 « recettes » destinées à dissoudre les colères, à se détacher de la course effrénée aux biens matériels, et à acquérir la sérénité face à « *l'impermanence de la vie et de la mort.* » Ces recettes peuvent être appliquées

« *n'importe où, n'importe quand : dans une salle de méditation, dans la cuisine, au bord d'une rivière, dans* un parc, que ce soit en marchant, en se tenant debout, en étant allongé ou assis ; c'est même possible en travaillant. »

En ce sens, l'enseignement de Thich Nhat Hanh rejoint le *Yoga des œuvres* de Shrî Aurobindo : développer la pleine conscience dans les actes de tous les jours.

Le New Age semble avoir pris son essor avec le best seller de Marilyn Ferguson : *Les Enfants du Verseau*, paru en 1980 :

« *Le New Age est l'apparition d'un nouveau paradigme culturel, annonciateur d'une ère nouvelle dans laquelle l'humanité parviendra à réaliser une part importante de son potentiel, psychique et spirituel.* » (Massimo Introvigne)

On peut situer ses origines dans la contreculture des années soixante et, si l'on en croit Henri Atlan, dans la pratique généralisée des expériences hallucinogènes.

Le New Age intègre une part importante des enseignements des *Véda* sur la réincarnation, l'*atman* et le *brahman*, la certitude que nous détenons une part divine, une « *étincelle du Tout lumineux* », qu'il ne tient qu'à nous d'entretenir et de développer.

Il défend le principe que nous sommes tous issus d'une seule et même Réalité spirituelle, il reconnaît l'existence de corps multiples (astral, éthérique, mental, etc.), les vertus thérapeutiques de la méditation, mais aussi, il fait appel à l'alchimie, aux fées, à la magie, aux bienfaits de la sexualité, à la divination, aux runes, aux druides, au tarot, au *feng shui*, aux réseaux énergétiques, à la géobiologie…

Il croit à l'émergence d'une nouvelle génération d'humains aux extraordinaires pouvoirs qu'il nomme les *enfants indigo*, il explore différents domaines controversés de la science (expériences de morts imminentes, médiumnité, sorties hors du corps…).

Il est convaincu de la présence perma-nente de guides personnels qu'il appelle anges, Êtres de lumière, Maîtres ascensionnés, ou bien chamanes intérieurs… Et qui se matérialisent par « channel »…

Les religions chrétiennes, ne pouvant plus envoyer au bûcher ceux qui, comme le chante Brassens, « *n'aiment pas que l'on suive une autre route qu'eux* », voient d'un très mauvais œil l'émergence d'un tel mouvement et ont tendance à mettre en avant les dérives et les dangers qu'il représente.

En particulier : sa volonté affichée d'instaurer un « nouvel ordre mondial » sous la direction d'une confrérie de Maîtres de la hiérarchie planétaire.

Le catholicisme est le plus virulent sur les réseaux sociaux. De nombreux articles à charge mettent en garde contre ce qu'ils nomment la « *tentation luciférienne* », qui permet de s'affranchir de ses Maîtres, s'émanciper de Dieu tout puissant et s'ouvrir à la connaissance spirituelle débarrassée de toute coercition.

### L'astrolabe des mystères de Dieu

« *C'est un fait confirmé et reconfirmé au cours des deux ou trois mille ans de l'histoire religieuse, que la Réalité Ultime ne s'appréhende pas nettement et im-*

*médiatement, saufs par ceux qui se sont faits aimants, purs de cœur, et pauvres en esprit.* »
(Aldous Huxley)

Dans *Le Livre Tibétain de la Vie et de la Mort*, le sulfureux*** Sogyal Rinpoché considère la compassion comme étant le « *le joyau* » qui ouvre tous les chemins, permet d'éviter tous les dangers et donne au postulant les meilleures chances d'avoir accès au bout du Chemin.

« *Qu'est-ce que la compassion ? Elle ne consiste pas seulement à ressentir sympathie et intérêt envers la personne qui souffre, ni à exprimer un sentiment chaleureux à son égard ou à reconnaître pleinement et précisément ses besoins et ses douleurs. Elle implique également une détermination ferme et concrète de faire tout ce qui est possible et nécessaire afin d'aider au soulagement de la souffrance. La compassion n'est pas authentique s'il elle n'est pas active. Dans l'iconographie tibétaine, Avalokiteshvara, le Bouddha de la Compassion, est souvent représenté avec mille yeux qui perçoivent la souffrance dans tous les coins de l'univers et mille bras qui se déploient vers chacun de ces recoins pour apporter partout son aide et combattre un égoïsme rusé, narcissique, ingénieux, un protectionnisme de l'ego qui peuvent parfois, nous le savons tous, nous rendre extrêmement durs.* »

Ainsi, pour les bouddhistes, nul ne peut connaître de joie véritable dans le Nirvana s'il n'œuvre point pour le bien d'autrui.

*\*\*\* Plusieurs témoignagnes ont attesté que Sogyal Rinpoché se comportait en chef de secte de la pire espèc, …"humain, trop humain" (comme disait Nietzche)* NdlR

Penser à l'autre, parler à l'autre, agir pour l'autre, sont les conditions *si ne qua non* pour parvenir à l'illumination.

« *Car l'amour est la puissance motrice de l'esprit, qui le tire hors du monde et l'élève très haut.* »

Compassion, Amour, Charité constituent autant de raccourcis conduisant plus rapidement au bout du Chemin, au but tant recherché : à la disparition des trois souffrances : « *souffrance céleste provoquée par les dieux, souffrance terrestre, causée par la nature et souffrance intérieure ou organique* », à la Sagesse parfaite la plus élevée, à la Pure Essence de l'Esprit, à l'état de Bouddha, au retour dans l'Unité Divine, à l'extase mystique… Selon le nom que l'on lui donne.

« *Par une espèce d'accident philologique le mot charité en est venu à être synonyme de remise d'aumônes et n'est presque jamais employé dans son sens d'origine, pour signifier la forme la plus élevée et la plus divine de l'amour… Systématiquement, les maîtres de la vie spirituelle ont décrit la nature de la charité véritable, et l'ont distinguée des autres formes inférieures de l'amour. Considérons-en, dans l'ordre, les principales caractéristiques. Tout d'abord, la charité est désintéressée, elle ne cherche pas de récompense, et ne se laisse diminuer par aucun mal rendu pour son bien… Elle est différente des formes inférieures de l'amour, elle n'est pas une émotion. Elle commence comme un acte de volonté… De volonté de paix et d'humilité en soi-même, la volonté de patience et de bonté envers ses semblables, la volonté de cet amour désintéressé de Dieu* « *qui ne demande rien et ne refuse rien* ». *Les signes distinctifs de la charité sont le désintéressement, la tranquillité et l'humilité. Là où il y a désintéressement, il n'y a ni*

Arjuna, "le plus grand guerrier de tous les temps". Pourquoi ici l'archétype du Champion, à la fois Achille et Superman ? Si le mysticisme est le but du brahmane, la caste du guerrier trouve son propre achèvement dans d'autres voies, et des méthodes d'Arts martiaux... Statue à un carrefour de Bali, photo *Ilussion*, libre de droits.

avidité à l'égard des avantages personnels, ni crainte de perte ou de punition personnelle ; là où il y a tranquillité, il n'y a ni désir ardent, ni aversion, mais ferme volonté de se conformer au Tao divin ou Logos à tous les niveaux de l'existence.* » (Aldous Huxley)

Vous pouvez méditer, vous concentrer, éveiller votre mental, réciter des mantras, multiplier les austérités, ou danser jusqu'à épuisement, si l'Amour, que l'on peut aussi nommer Charité ou Compassion, n'est pas mis en pratique, le chemin que vous suivez ne mènera nulle part.

« *L'astrolabe des mystères de Dieu, c'est l'amour* » nous dit Rûmi.

J'entends d'ici les réactions de lecteurs : l'Amour ?! Mais n'est ce pas ce que la religion chrétienne répète depuis 2000 ans ? Pourquoi donc s'embarrasser de tout ce fatras mystique venu d'ailleurs ? Certes, « *Aime ton prochain comme toi toi-même !* » se trouve dans la Bible, dans *Le Lévitique* plus précisément (bien avant que l'Église n'en fasse le slogan christique), mais dans cette même Bible, il est écrit aussi (Nombres, 31.) :

« *Tuez tous les garçons et tuez toutes les femmes qui ont connu l'étreinte conjugale. Mais toutes les fillettes qui n'ont pas connu l'étreinte conjugale gardez-les en vie pour vous.* »

J'ai donc la faiblesse de partager l'avis d'Aldous Huxley concernant la religion catholique :

« *Une foi qui insiste sur les flammes de l'enfer, à fait usage de techniques théâtrales afin de stimuler le remord et produire la crise d'une conversion soudaine ; une religion ritualiste à base de mystères, qui engendre des sentiments élevés d'effroi respectueux, de vénération et d'extase esthétiques, au moyen de ses sacrements et de son cérémonial, de sa musique et de son encens, de ses ténèbres nouménales et de ses lumières sacrées, court le risque de devenir une forme d'idolâtrie psychologique.* »

Et celui de Jacques Duquesnes concernant le protestantisme :

« *Calvin développe la doctrine de la prédestination et écrit que Dieu, de façon irrévocable, ordonne les uns à la vie éternelle, les autres à l'éternelle damnation. Si l'on demande pourquoi Dieu a pitié d'une partie et pourquoi il laisse et quitte l'autre, il n'y a d'autre réponse sinon qu'il lui plaît ainsi.* »

Bref, si l'envie me vient de m'engager un jour sur le chemin de l'illumination, à tout prendre, je préfère suivre le chemin indiqué par Krishna dans la *Bhagavad-Gîtâ* ou *Chant du Bienheureux* :

> « *Celui qui n'a ni égoïsme, ni sens du moi et du mien, qui a pitié et amitié pour les êtres et n'a de haine pour nulle chose vivante, qui a dans le plaisir et la peine une égalité tranquille, qui a la patience et la miséricorde, celui qui a un contentement sans désir, la maîtrise constante du moi et la volonté et la résolution ferme et inébranlable… celui-là m'est cher.* »

Ou celui indiqué par le Bouddha. :

> « *Celui qui veut parvenir à la sagesse doit ne tromper personne, n'éprouver de haine pour personne, ne jamais désirer nuire dans la colère. Il doit ressentir pour toutes les créatures un amour immense, comme celui d'une mère pour son fils unique, qu'elle protégerait au risque de sa propre vie. Là-haut, ici-bas, et tout autour de lui, il doit faire rayonner son amour, qui ne connaît ni bornes, ni obstacles, qui est dégagé de toute cruauté, de toute animosité. Qu'il soit debout, assis, en marche ou couché jusqu'à ce qu'il s'endorme, il doit maintenir son esprit dans la pratique de la bonne volonté envers tous.* »

« *Qui cherche l'inspiration exacte, suit son cœur.* »
(Tchouang Tseu).          **Jean-François Henry**

## Bibliographie

- Jean Herbert, *Spiritualité hindoue*, Albin Michel
- Isha Schwaller de Lubicz, *L'ouverture du chemin*, La Table d'Émeraude.
- Hans Kung, *Credo*, Seuil.
- Srimad Bhagavatam, *Grands Classiques de l'Inde*.
- Avagosha, *Buddhacarita in Praise of Buddha's Acts*, éditions Avagosha.
- Tripurarâhsya, *La doctrine secrète de la Déesse Tripurà*, Fayard.
- Edouard Chavannes, *Cinq cent contes et Apologues Extraits Du Tripitaka Chinois*, Forgotten Books.
- Buddhagosha, *Le Chemin de la Pureté*, Fayard.
- *Tao-Te-King*, Gallimard.
- Jean Vernette, *Paraboles d'Orient et d'Occident*, Droguet Ardant.
- *La Sainte Bible*, Le Grand Livre du Mois.
- Patanjali, *Yoga-Sutras*, Albin Michel
- Mircea Eliade, *Patanjali et le yoga*.
- Marguerite Porete, *Le miroir des âmes saintes et anéanties et qui seulement en vouloir et désir d'amour*, Albin Michel.
- Maître Eckhart, *Œuvres*, Gallimard.
- Bayazid de Bustin, cité par Aldous Huxley, *La Philosophie Éternelle*, Plon.
- Aldous Huxley, *Dieu et moi*, Seuil.
- Fritjof Capra, *Le Tao de la Physique*, Sand.
- Osho Rajneesh, *Le Livre des Secrets*, Albin Michel.
- Thich Nhat Hanh, *La plénitude de l'Instant*, Dangles.
- Shrî Aurobindo, *Le Yoga des Œuvres*, Buchet-Chastel.
- Massimo Introvigne, *Le New Age, des origines à nos jours*, Dervy.
- Henri Atlan, *À tort ou à raison*, Seuil.
- Sogyal Rimpoché, *Le Livre tibétain de la Vie et de la Mort*, Table Ronde.
- T.D. Suzuki, *Le non mental selon la pensée zen*, Le Courrier du Livre.
- Daisen Deshimaru, *Le Bol et le Bâton*, 120 contes zen, Albin Michel.
- Djalâl-ad-Dîn Rûmi, *La Religion de l'Amour*, Plon.
- Pamela Ball, *L'Essence du Tao*, Pocket.
- *La Bhagavad Gîtâ*, Fayard.
Tchouang Tseu, *Aphorismes*, Albin Michel.

# ENTRETIEN AVEC CYRILLE JAVARY

## La Méthode de Prise de décision

### Interview par Eulalie Steens et Charles Imbert

Cette interview a été réalisée lors d'un déjeuner dans un salon privé du Céleste Gourmand, un des meilleurs restaurants chinois du centre de Paris. *Un Temps* avait déjà eu le plaisir de rencontrer Cyrille Javary à l'occasion du Cocktail de lancement du livre de Nicole Le Blond (voir nos numéros 2 et 4), événement auquel il n'avait pu ensuite assister, ayant une conférence à donner, le même soir, sur la "Prise de Décision en Chine". Ce dernier thème nous semblant convenir pour compléter des réflexions sur les méthodes diverses, nous l'avons contacté pour qu'il nous présente ses réflexions, et il a bien voulu répondre favorablement à notre demande.

Nous retrouverons ici une très affirmative mise en évidence de processus de réflexion sur des situations et événements, ceci excluant la divination (à laquelle on pense parfois lorsque les mots *Yi Jing* sont prononcés – Cyrille Javary le rappellera) et aboutissant à des conseils de Stratégie, c'est-à-dire d'analyse en amont pour adopter une conduite adaptée aux moments et situations. Comme nous le verrons avec lui, il va de soi que l'analyse de la question à poser doit être la plus claire possible, et que le conseil donné sera suivi ou pas, ce qui doit amener à l'auto-psychologie la plus honnête, respectueuse de sa propre intégrité et de celle de l'autre, ceci réduisant un aléatoire toujours possible.

Sinologue, écrivain, conférencier et consultant en culture chinoise ancienne et moderne, Cyrille J-D Javary (né en 1947), s'est rendu 68 fois en Chine, ayant effectué son premier voyage en 1984, après un séjour de deux ans à Taiwan (1980-1982).

Il a publié une quinzaine d'ouvrages sur différents aspects de la culture chinoise, notamment une traduction du livre fondateur du mode de pensée chinois *Yi Jing, le Livre des Changements* (Albin Michel 2002) qui a renouvelé le regard sur cet ancien Classique, au point de devenir (selon nous) *Le* livre moderne de référence sur le *Yi Jing*.

Pour mieux faire connaître ce grand livre du *Yin* et du *Yang*, il a fondé en 1985 le Centre DJOHI : « Association pour l'étude et l'usage du *Yi Jing* » qu'il dirige toujours, et qui a organisé, en juin 2014 à Paris, le premier colloque international consacré au *Yi Jing*. Il a collaboré régulièrement aux magazines : *Chine Plus, Ultreïa, Le Monde des Religions, Génération*

*Tao, Sciences Humaines, Philosophie Magazine, Historia*, etc.

Cyrille Javary est donc un de nos grands Sinologues, traducteur de la version du *Yi Jing* reconnue de nos jours en France comme la meilleure et la plus établie.

Nous sommes donc très honoré que Cyrille Javary ait bien voulu nous accorder cet entretien, nous confier des photos et des documents, et nous l'en remercions encore.

***Un Temps*** : Le *Yi Jing* est à la base de la Culture Chinoise, mais en faisant appel à quelles voies ? Est-il exact de dire qu'il ressort des oracles et des méthodes divinatoires ?

**C.J.** : L'idée de divination est une idée religieuse occidentale. C'est l'idée qu'il existe des entités divines qui peuvent connaître l'avenir. Les Chinois, comme disait Henri Michaux, ne sont pas des songe-creux. Il savent très bien que l'avenir est imprévisible, ce qui ne veut pas dire que celui-ci soit erratique. L'idée chinoise, c'est que la Loi du Vivant est immuable, et que son application est aléatoire. Qu'est ce que cela veut dire, que la Loi du Vivant est immuable ?

Eh bien tous les ans, le Printemps suit l'Hiver, l'Eté suit le Printemps. Mais que va-t-on avoir comme Hiver cette année ? Est-ce qu'il sera pluvieux, précoce, nuageux ? On ne sait pas. Au niveau humain, tous les visages humains sont construits de la même façon : on a tous le nez entre les deux yeux et la bouche sous le nez ; pourtant, il n'y a pas deux visages qui se ressemblent. Donc la contradiction occidentale, entre le cristal et la fumée,

Cyrille Javary nous présente ici un dépliant récapitulatif des 64 hexagammes du *Yi Jing*. C'est évidemment sans beaucoup de commentaires, mais certaines éditions chinoises furent presque aussi succinctes.

entre le scientifique (pour faire clair) et l'aléatoire, n'existe pas dans l'esprit chinois, puisque la Loi est immuable, et son application est aléatoire. Donc les Chinois ne vont pas chercher à connaître le futur, puisqu'il est imprévisible, par contre, en bons paysans, ils vont chercher à savoir comment être en harmonie avec le moment.

Si on emploie le mot divinatoire pour le *Yi Jing*, alors il faut dire que l'acupuncture est divinatoire... Que fait l'acupuncteur lorsqu'il place son pouce ? Il a des informations sur la circulation de l'énergie à travers le corps. Il va dire : « Vous avez le foie qui... »

La rencontre, dans le salon privé d'un des bons restaurants chinois de Paris, le Céleste Gourmand, dont nous tairons l'adresse exacte pour ne pas susciter de controverse. Le quatrième convive, resté muet, est un ami de Cyrille Javary.

Et donc le *Yi Jing*, c'est un instrument d'analyse de la qualité du moment, et de l'harmonie d'une personne avec ce moment. Cela n'a rien à voir avec le futur.

***Un Temps*** : Mais alors, pourquoi dit-on que c'est divinatoire ?

**C.J.** : Je vais y venir, mais il faut d'abord comprendre ce qui est autre chose que le divinatoire. La particularité de la Culture Chinoise, c'est que c'est une culture de paysans sédentaires.

Le paysan sait très bien deux choses. La première, que ce n'est pas lui qui fait pousser les champs, mais une force vitale qu'il ne fait qu'accompagner. La seconde c'est que cette poussée vitale a besoin de l'alternance Soleil-Pluie... De tous les peuples de France, j'ai longtemps cru que ceux qui avaient le mieux compris le *Yi Jing*, c'était les Normands... « P'tête ben qu'*Yin*, p'tête bien qu'*Yang*... ». Jusqu'à ce qu'on me dise un proverbe morvandiau : « Le mauvais temps, c'est le temps qui change point ». Autrement dit quand c'est tout le temps soleil, c'est la sécheresse, quand c'est tout le temps pluie, c'est inondation, mais quand il y a l'alternance Soleil-Pluie, alors tout pousse dans les champs des paysans. Étonnez-vous après que le mot chinois signfiant "changement" s'écrive en combinant l'idéogramme du soleil et celui de la pluie ?

易 日 Soleil
　 勿 Pluie

Nous, en Occident, nous avons basé nos cultures sur des livres posant des fondements, et l'exemple le plus emblématique ce sont les Dix Commandements, alors que les Chinois ont basé leur culture sur *Le Livre des Changements*...

Dans lequel il y a deux phrases essentielles qui résument le mode de pensée chinois. La première : « La seule chose qui ne changera jamais, c'est que tout change toujours tout le temps. » Et la deuxième, c'est : « Un coup *Yin*, un coup *Yang*, c'est comme ça que tout fonctionne. »

*Un Temps* : C'est quasiment du Héraclite, cette impermanence radicale ?
C.J. : Héraclite est certainement le plus chinois des Grecs, des pré-Socratiques et même des post-socratiques. Il y a gagné le surnom d'Héraclite l'obscur.

*Un Temps* : Donc pourquoi parlera-t-on de divination ?
C.J. : Oui ! Pourquoi est-ce que quand on rentre dans une librairie et qu'on demande : « Vous avez des livres sur le *Yi Jing* ? », la réponse est : « Oui, allez-voir là, au rayon divination, entre les runes, le marc de café, etc. etc. » Pourquoi ?

Parce que, quand les Jésuites sont arrivés en Chine, qu'ils ont vu qu'il existait un livre aussi important que la Bible pouvait l'être alors en Occident et que ce livre, nommé *Yi Jing*, avait la prétention de décrire le fonctionnement du monde *Sponte Sua*, c'est-à-dire par sa propre inspiration, et donc sans l'intervention d'aucun dieu créateur, ils se sont dit que c'était très mauvais pour les intérêts de la religion qui les avait envoyés en mission en Chine. Donc ils ont décidé d'étudier le *Yi Jing*, et de le traduire, mais pas pour en faire profiter les Occidentaux, mais pour en informer les missionnaires afin que ceux-ci puissent mieux le contrer. La première traduction du *Yi Jing* a été faite en Latin et envoyée à la *Congregatio Propaganda Fidéi*. Et le coup superbe des Jésuites, c'est d'avoir utilisé pour cette traduction le vocabulaire de la divination.

---

*On interroge le Yi Jing quand on est face à un problème de stratégie, quand on ne sait pas quelle attitude avoir dans une circonstance précise.*

---

Comme ça, on enfermait le grand classique chinois, que tous les mandarins devaient connaître par cœur et qui avait été, disait-on, commenté par Confucius lui-même, dans les mythes et les erreurs des âges pré-logiques. C'est ainsi que dans toutes les traductions du *Yi Jing*, depuis la première en anglais (celle de James Legge en 1891) jusqu'à un livre rouge publié chez Albin Michel***, on trouve les mots « fortune » et « infortune ». Qu'est-ce que vient faire la déesse Fortuna, celle qui fait tourner la roue de la Fortune dans le livre de chevet de Confucius ?

***Cyrille Javary évoque ici sa propre traduction du *Yi Jing*, en passe de devenir aussi célèbre, sous sa couverture rouge, que le fut le Wilhelm et Perrot habillé de jaune.

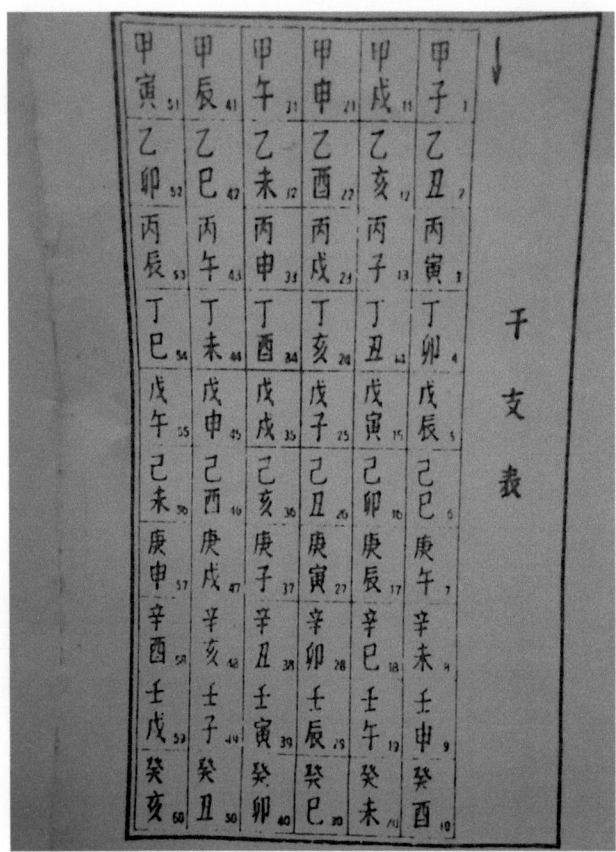

Le cycle sexagésimal. Souvenons-nous que nos heures ont soixante minutes de soixante secondes.

*Un Temps* : De quels mots chinois s'agit-il dans le texte original ?

**C.J.** : Il s'agit des mots *jí* 吉 et *xiōng* 凶 dont le premier représente l'idée d'une accumulation fluide d'énergie fécondante, et le second celle du blocage d'un flux, ce qui le rend insalubre. Ce sont des termes techniques dans lesquels on retrouve le fondement de la pensée chinoise : la fluidité énergétique. C'est pour ça que j'ai traduit ces mots par "Ouverture" et "Fermeture".

*Un Temps* : Nous avons vu le mot « *Yi* », changement du *Yi Jing* mais que signifie le mot « *Jing* » dans ce titre ?

**C.J.** : Il s'agit de l'idéogramme 經 (经 en simplifié) qui se prononce *jīng* en chinois. C'est les fils de chaîne. Les fils de chaîne sont ceux, globalement verticaux, entre lesquels la navette fait passer les fils de trame, ce qui fait disparaître les fils de chaîne et apparaître le motif. Donc, à partir de cette métaphore, le mot fil de chaîne a été utilisé pour représenter le support invisible d'un organisme vivant, le réseau, les méridiens. C'est ainsi qu'il est aussi devenu le nom général des "Livres classiques", ceux qui doivent être appris en classe parce qu'ils sont le support invisible d'une culture...

*Un Temps* : Comment se sert-on du *Yi Jing* pour arriver à la prise de décision ? On est dans l'acceptation des rythmes et aussi des formes du futur, ce qui est aussi taoïste ? Je me trompe ?

**C.J.** : Puisque le mot taoïste a été prononcé, parlons un peu du mot Tao (道 *dào*), un mot tellement inhérent à la pensée chinoise et aux significations tellement diverses qu'on n'en a pas trouvé de traduction en langue occidentale. Je pose la question suivante : Entre les trois ouvrages majeurs de la culture chinoise, le *Dao De Jing* de Lao Zi, les *Entretiens de Confucius* et le *Yi Jing*, à votre avis dans lequel trouve t-on le plus souvent ce mot Tao ?
(commentaires divers)

*Un Temps* : Pour couper court à nos commentaires et suppositions, pourriez-vous nous le dire ?
**C.J.** : Le mot Tao apparaît 65 fois dans le *Dao De Jing*, le plus souvent comme dénomination du moteur impersonnel qui fait tourner les saisons ; 77 fois dans les *Entretiens*, généralement dans le sens de "conduite" ; et 104 fois dans le *Yi Jing*, globalement dans le sens de "attitude".

*Un Temps* : Pourquoi cela ?
**C.J.** : Parce que le *Yi Jing* est un manuel de stratégie de la vie quotidienne. Et donc l'idée d'attitude à tenir en fonction des circonstances lui est consubstantielle.

Quand on interroge le *Yi Jing*, c'est finalement toujours pour lui poser la même question : « Que dois-je faire dans telle situation ? » Et à ce moment là, par un procédé aléatoire, dont nous parlerons avec plaisir, le *Yi Jing* donne une sorte de radiographie de l'organisation de l'énergie à l'intérieur d'une personne à un moment donné face à un problème donné.

*Un Temps* : Par synchronicité ? Harmonisation ?
**C.J.** : La synchronicité est une explication à la Gribouille. C'est une invention de Jung, et on peut dire que le *Yi Jing* a beaucoup plus aidé à la compréhension de Jung que Jung n'a aidé à la compréhension du *Yi Jing*. L'idée de Jung est très simple : *Les Chinois sont très intelligents, ils pensent comme moi*. Si on veut dire plus, en sortant un peu du sujet, on dira que le problème de Jung c'était Freud, et que le coup de génie de Freud, c'est d'avoir donné à sa découverte de l'Inconscient dans la problématique de la vie infantile, le nom d'un mythe grec.

*Un Temps* : On parle de l'Inconscient collectif, là ?
**C.J.** : On parle surtout du fait de se donner de faux ancêtres. Et quand Richard Wilhelm, le missionnaire luthérien allemand dont la traduction du *Yi Jing* a paru à Iéna en 1929, a rencontré Jung, il lui a amené un argument marketing bien plus ancien que les mythes grecs : les millénaires de la sagesse chinoise.

*Un Temps* : Comment fonctionne la correspondance entre la question posée au *Yi Jing* et la réponse qu'il propose ?
**C.J.** : Voilà, la chose vraiment intéressante : comment se construit à un moment donné, pour une personne donnée l'adéquation entre un but, et une stratégie ? Et la réponse est désarmante : par le biais de manipulations aléatoires réalisées avec des pièces ou des baguettes (voir encadré). Non reproductibles, ces manipulations aléatoires échappent à toute tentative d'explication rationnelle. Les Chinois parlent, tout simplement des choses « qui aiment à arriver ensemble » ; c'est joli, mais c'est inadmissible pour un esprit cartésien (bien que Descartes lui-même recommande le hasard comme méthode efficace pour se sortir d'une forêt dans laquelle on s'est perdu (1) – ).

---

*...c'est un instrument d'analyse de la qualité du moment...*

---

*Un Temps* : Comment les Chinois écrivent-ils le concept de hasard ?

**C.J.** : Ils ont toute une série d'idéogrammes pour cela, parmi lesquels principalement : 偶 *ŏu* & 碰 *pèng*. Or si on consulte un dictionnaire chinois-français, on voit que le sens de « hasard » est tardif et que leur signification originelle parle de mise en relation, d'écho, de couplage, de paire, etc..

*Un Temps* : Donc il y a beaucoup plus chez eux l'idée de Cohérence – ce qui est à l'inverse du chaos que certains Occidentaux veulent voir dans le hasard ?

**C.J.** : Exactement. En Occident, le hasard, c'est ce qui n'est relié à rien, parce que relié à aucune causalité, alors que pour les Chinois, c'est, au contraire, ce qui relie entre eux tous les éléments d'une situation avec la personne qui s'y trouve. C'est une harmonie d'ensemble.

*Un Temps* : Vous pouvez sans doute nous donner un exemple ?

**C.J.** : L'organisation du repas à la chinoise : au lieu d'avoir une succession de plats l'un après l'autre, on a une coordination de plats servis tous en même temps.

Ce qui permet à chaque convive de construire sa propre harmonie ; en mangeant plus souvent de tel plat qu'on apprécie et moins de tel autre qui plaît moins ; à l'intérieur de l'harmonie d'ensemble produite par le cuisinier qui a agencé inventivement les cinq couleurs, les cinq saveurs, les cinq textures, les cinq viandes et les cinq légumes, etc..

Dans les restaurants chinois, les différents menus ne se différencient pas par un choix de plats mais par un nombre de plats. Il y a des menus à trois plats, cinq plats, sept plats, neuf plats, ce qui fait que quand on est pauvre, on se met à douze sur un menu à trois plats, et quand on est riche, on se met à trois sur un menu à neuf plats.

Et c'est pour ça que, à l'intérieur des 64 stratégies-types globales proposées par le *Yi Jing*, des manipulations aléatoires permettent de coupler plus précisément tel ou tel moment de la stratégie avec l'organisation de l'énergie à l'intérieur de la personne qui interroge à ce moment-là. C'est le principe des lignes mutantes...

---

*Il y a des moments où il faut avancer,*
*des moments où il faut reculer,*
*des moments où il faut attendre...*

---

*Un Temps* : Ah oui, les lignes muables... C'est la question de la mutation des lignes dans les hexagrammes, qui peuvent transformer la compréhension de celui-ci...

**C.J.** : Avant cela il faut poser un point important : le recours au *Yi Jing* repose sur une question. Bien sûr il y a des gens qui ouvrent le *Yi Jing* au hasard, et qui y trouvent une réponse ; il y a aussi des gens qui ouvrent la Bible au hasard et qui y trouvent des réponses.

Mais les deux font montre d'une confiance étroite envers le travail des relieurs – les pages d'un livre n'ont pas toutes la même probabilité d'apparition. Ouvrir le *Yi Jing* au hasard, sans poser de question, c'est un peu comme aller dans une agence de voyage, et à l'employé qui demande :

« — Où voulez-vous aller ?

Lui répondre :

— Eh bien, nulle part… »

On risque alors de s'entendre dire :

« — Mais alors, qu'est-ce que vous êtes venu faire ici ? »

On interroge le *Yi Jing* quand on est face à un problème de stratégie, quand on ne sait pas quelle attitude avoir dans une circonstance précise.

C'est pour ça qu'une question au *Yi Jing*, revient toujours à : « Comment dois-je me comporter dans cette situation ? » Évidemment, on peut préciser par exemple : « Dois-je accepter cet héritage ? » ou bien « quelle est la meilleure attitude à tenir au cours de cet entretien d'embauche ? ».

*Un Temps* : On recherche la meilleure orientation du comportement pour la meilleure solution ?

**C.J.** : Oui, c'est tout-à-fait cela. Le *Yi Jing*, c'est comme un vieil oncle chinois qui vous connaît bien, et qu'on va voir quand on a besoin d'un conseil. On lui dit : « Oncle Li, dans cette situation je ne sais pas quoi faire… » et il nous répond : « Si j'étais à ta place, je ferais comme ça, parce que je sais que tu as telles potentialités, et tels blocages… ».

Mais le plus important, c'est que Oncle Li termine toujours ses conseils par : « Mais de toute façon, c'est toi qui décide. »

*Un Temps* : Rien à voir avec la divination ?

**C.J.** : Rien à voir en effet avec le carcan de la divination… Car à supposer que le devin connaisse l'avenir, s'il vous dit « demain vous allez vous casser la

Gravure du VIIIe siècle, représentant Confucius. Les idéogrammes

先師孔子行教像

signifient : "Portrait du premier enseignant, Confucius, donnant une leçon."

Image placée dans le Domaine Public

jambe », il vous retire toute liberté d'action sur votre destin. Alors qu'au contraire, le recours au *Yi Jing* a toujours été considéré par les Confucéens comme l'acte moral par excellence, parce que c'est ce qui va nous permettre d'avoir l'action la plus harmonisante par rapport à la situation dans laquelle nous sommes acteur. C'est pour ça qu'à l'époque de la dynastie des Han ( -206 / +220), quand le Confucianisme est devenu morale d'État, le *Yi Jing* est devenu son porte-drapeau et tous les Commentaires officiels du *Yi Jing*, dont beaucoup de phrases commencent par : « Le maître dit… » ont été légendairement attribués à Confucius qui, le pauvre, ne pouvait rien dire,

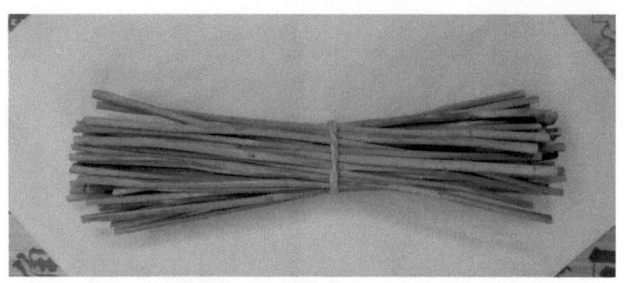

Les tiges d'achillée servant à la détermination de l'hexagramme en rapport avec la question qui mobilise l'attention du consultant.

puisqu'il était mort depuis près de 300 ans, et qu'il n'avait jamais lu le *Yi Jing* que nous connaissons, dont le texte canonique a été fixé à l'époque des Han.

*Un Temps* : Pouvez-vous commenter ? C'est tout de même important...

**C.J.** : On entend souvent raconter que Confucius avait tant étudié le *Yi Jing* qu'il en aurait usé trois rouleaux à force de les lire et de les relire.

Cette jolie histoire n'a qu'un défaut, elle ne tient pas debout. Le Chinois qui est crédité de l'invention du papier à usage d'écriture, Cai Lun (2), vivait au tournant du 1$^{er}$ au 2$^{ème}$ siècle de notre ère. Auparavant, les livres étaient écrits sur des petites lattes de bois ou de bambou, reliées entre elles par des cordelettes en tissu. Ce sont ces cordelettes qui, à l'usage, pouvaient s'user, évidemment, pas les lattes de bois.

Revenons à Confucius. C'était quelqu'un de très cultivé. Il avait lu et étudié tous les livres de son temps ; il cite à maintes reprises dans les *Entretiens* les poèmes du *Livre des Odes*. Mais il ne cite le *Yi Jing* qu'une seule fois dans un passage (*Entretiens* 13/22) qui commence par : « Les gens du Sud ont un dicton », ce qui, vous l'avouerez, est déjà étrange comme citation du *Yi Jing*.

La première phrase de ce dicton (qui est citée dans le *Mémoire sur les Rites*) parle d'une personne sans constance puis vient une seconde phrase : « Qui n'est pas constant dans sa vertu supporte le poids du déshonneur » (Cyrille Javary cite ici la traduction de E. Steens).

Cette phrase, d'une grande banalité, se trouve effectivement dans le *Yi Jing* (hexagramme 32, trait 3) mais, dans les *Entretiens*, Confucius ne l'attribue pas au *Yi Jing*, mais à un dicton des « gens du Sud » dont il n'appréciait guère les pratiques chamaniques et divinatoires (explicitement citées dans ce passage).

Les thuriféraires confucéens se sont sortis de cette embarrassante situation en disant : « Confucius n'avait pas besoin de citer explicitement le *Yi jing*, parce qu'il est au cœur du *Yi Jing* », arguant pour cela que cette phrase « Qui n'est pas constant dans sa vertu supporte le poids du déshonneur » est exactement au milieu du texte du *Yi Jing*. Elle est en effet au milieu (troisième trait) de l'hexagramme qui est au milieu du *Yi Jing* (32$^{ème}$ sur 64).

Le tour de passe-passe ne manque pas d'élégance, mais l'archéologie lui apporte un grave démenti. Depuis quelques dizaines d'années, on a retrouvé dans différentes tombes des exemplaires du texte du *Yi Jing*. Et dans le plus récent d'entre eux, le document de Ma Wang Dui, enterré en 168 avant notre ère, il y a beaucoup de différences avec le texte canonique fixé par les Han, et les trois quarts des commentaires canoniques attribués à Confucius y sont absents. Donc si en -168 le *Yi Jing* que nous connaissons n'était pas encore écrit, comment voulez-vous que Confucius l'ait lu trois siècles auparavant ?

*Un Temps* : Effectivement, la légende est mise à mal. Avez-vous d'autres exemples de mauvaises interprétations de la légende, remplacées par des faits historiques établis ?
**C.J.** : Oui, par exemple, l'invention des trigrammes attribuée à l'empereur mythique Fu Xi dont les légendes chinoises précisent qu'il aurait vécu 115 ans, de 2953 à 2838. Trigrammes qui auraient ensuite été groupés deux par deux par le Roi Wen pour former les soixante-quatre hexagrammes. La réalité est tout autre et bien plus intéressante. Les trigrammes sont un distillat des hexagrammes. C'est à force d'étudier le texte des hexagrammes et de regarder les figures linéaires (inventées vraisemblablement vers le 3$^{ème}$ siècle avant notre ère) que les lettrés Han ont découvert les trigrammes. La preuve en est que les noms des trigrammes n'apparaissent nulle part dans le document de Ma Wang Dui. Et les huit hexagrammes formés du redoublement du même trigramme, et qui dans le texte canonique portent le nom de ce trigramme, dans le document de Ma Wang Dui portent des noms différents ! Les trigrammes sont dans l'histoire du *Yi Jing* la marque d'un moment important, celui du passage à un niveau supérieur, d'un approfondissement philosophique de la compréhension du *Yi Jing*.

*Un Temps* : Comment intègre t-on alors *Yi Jing* et Confucius ?
**C.J.** : Pourquoi cette attribution ? Parce que l'idée des Confucéens, c'est : "Le *Yi Jing* nous aide à atteindre l'objectif de notre maître". Et cet objectif, c'est l'action juste au moment opportun.

*Un Temps* : C'est une question d'harmonisation ?
**C.J.** : Exactement. Un exemple pourrait bien nous montrer la différence entre l'idée que nous avons de la divination, et la pratique chinoise du recours au *Yi Jing*.

J'ai animé longtemps des séances de lectures d'hexagrammes dans les locaux d'un Centre de Qi Gong, « Les Temps du Corps », animé par Ke Wen et Dominique Casaÿs.

Des personnes venaient, posaient une question, tiraient un hexagramme qui était ensuite analysé collectivement. Certaines personnes ne venaient qu'une fois, parce qu'ils avaient un problème précis à résoudre, d'autres venaient souvent, parce qu'ils voulaient apprendre le *Yi Jing*.

Un jour, c'était en Octobre, arrive une dame qui nous dit : « Voilà, je voudrais demander au *Yi Jing* si mon fils va avoir son Bac. » Alors je lui réponds qu'elle s'est trompée d'adresse et que pour répondre à une demande d'information sur le futur, c'est Madame Irma qu'il faut aller voir. Et on lui explique que le *Yi Jing* traite des questions de stratégie quotidiennes au moment présent.

Ayant compris cela, cette dame qui n'était pas sotte, a transformé sa question, qui est devenue : « Que puis-je faire pour aider mon fils à avoir son Bac ? »... — Vous voyez la différence ? On est passé de « qu'est-ce qui va m'arriver plus tard » à « que dois-je faire aujourd'hui ? »

On est passé de l'impuissance divinatoire à l'implication et à la responsabilité confucéenne – Et c'est là que mes ennuis ont commencé. Parce que les réponses du *Yi Jing* sont parfois d'une amusante ironie...

*Un Temps* : Ah, on retrouverait l'irruption de l'Agent mystérieux qui sait aussi se moquer de soi si on n'est pas clair ?

**C.J.** : ...parce que, à l'issue des manipulations aléatoires, elle obtint comme réponse la stratégie type N°33, qui s'appelle en chinois "*Dun*" et qui conseille de "Faire retraite".

Autrement dit, que suggérait l'Oncle Li ? ... « Lâche-le un peu, donne lui de l'air... » On était en octobre, et elle commençait déjà à s'angoisser ! Donc le *Yi Jing* lui dit : « Si tu veux aider ton fils à avoir son Bac, arrête de lui mettre la pression, lâche-lui les baskets. » Sur le moment, elle n'était pas très contente, et puis elle a dit : « Bon, je vais essayer. »

*Un Temps* : Nous passerons sur la question : « Et son fils a t-il eu son Bac ? » pour nous recentrer sur la latitude de cette dame à se déterminer sur le conseil qu'on lui avait donné...

**C.J.** : C'est bien : "Que dois-je faire."... Et ce qu'il y avait d'extraordinaire, dans ces lectures d'hexagrammes en public, c'est qu'on pouvait traiter de cas extraordinairement intimes dans le plus grand respect de la personne.

Quand il y avait quelqu'un qui arrivait et qui demandait : « Comment dois-je me comporter vis-à-vis de X ?... », il n'y avait que cette personne qui savait qui était X... Son patron ? Son amant ? Son fils ? Le *Yi Jing* lui proposait une stratégie. Et on la suivait ou on ne la suivait pas.

Donc voilà comment le mariage s'est fait entre le *Yi Jing* et l'école confucéenne.

C'est une démarche respectueuse de la personne, laquelle nous aide à nous tenir droit dans toutes les circonstances. Il y a des moments où il faut avancer, des moments où il faut reculer, des moments où il faut attendre...

*Un Temps* : Avec parfois aussi des subtilités et des latitudes d'interprétation ?

**C.J.** : Ce qu'il faut dire, à la décharge des Jésuites, c'est qu'à la fin des Han, sous la houlette de Zhang Daoling, est né une variante, qu'on a appelé "le *Yi Jing* du marché."

*Un Temps* : Une forme dévalorisée ?

**C.J.** : Vous imaginez, sur les marchés aux légumes... Une méthode qui permettait à des devins semi-illettrés – il suffisait de savoir compter sur ses phalanges – de faire des prédictions temporelles à des paysans totalement illettrés.

*Un Temps* : Donc de la divination ?

**C.J.** : C'était visible... On les voyait sur les marchés... Jusqu'à l'époque maoïste... Puis on ne les a plus vus... et, de nos jours, ils réapparaissent sur les sites touristes... Puisqu'il y a du monde...

# Un Temps - Numéro 5  Juin 2019

**Un Temps** : Est-ce que les Chinois pratiquent de nos jours le *Yi Jing* ?

**C.J.** : Il y a deux types de réponse. Un premier type de réponse qui ressemble à ce que disait Claudel quand on lui demandait : « Est-ce que les Chinois croient en Dieu ? »... Il répondait : « Je ne sais pas, je n'ai pas eu le temps de leur demander à tous. »

---

*Le Yi Jing, c'est un vieil oncle chinois qui vous connaît...*

---

Donc à la question : « Est-ce que les Chinois pratiquent le *Yi Jing* ? » il faut y faire correspondre la question : « Est-ce que les Français prient en famille ? »... On ne peut pas répondre à cette question. On peut quantifier les fréquentations des Églises, des Synagogues, des Temples, des Moquées... On peut répondre à : « Est ce que votre famille prie » ou « Savez-vous si telle famille prie ? »... On ne peut pas répondre de manière générale à une telle question...

Or, l'utilisation confucéenne du *Yi Jing* est une utilisation familiale. Et donc on ne va pas confier ça à un devin de village, et ensuite, on ne peut répondre à cette question que si quelqu'un vous le raconte.

Il se trouve que justement, un Chinois répondant au nom de Huang Kesun a fait une traduction du *Yi Jing* en anglais élisabéthain (j'ai traduit son livre)... Il avait épousé une poétesse américaine, il a changé son prénom Kesun en Kerson. C'est une très bonne idée de prendre de l'anglais ancien pour traduire du chinois ancien, mais j'en viens au plus important.

# Méthodologies

Une carapace de tortue provenant de la collection personnelle de Cyrille Javary. Des idéogrammes gravés sont visibles à sa surface (voir agrandissement page 46).

Dans la préface de sa traduction écrite avec sa femme Rosemary, il raconte l'histoire suivante : il est né à Canton en 1928 dans une famille confucéenne, traditionnelle, et un jour à l'âge de 19 ans, il va voir son père et lui dit : « Je voudrais aller étudier aux États Unis. »

Son père ne répond rien, tout le monde va se coucher, et le lendemain au petit déjeuner, son père lui dit : « J'ai interrogé le *Yi Jing* à propos de ton projet, pour savoir si je devais le soutenir ou pas. » J'ai eu comme réponse l'hexagramme 4, "Jeune fou". Donc, d'après le *Yi Jing*, ton projet est une aventure, voici 10.000 dollars pour le réaliser.

Parce que l'hexagramme 4, c'est aussi l'apprentissage du jeune fou, et qu'il y a des moments où la sagesse, c'est de faire une folie.

Il part aux Etats Unis, et deux ans plus tard, il écrit à ses parents une lettre, dans laquelle il dit : « ...Je suis entré au M.I.T (*Massachussetts Institute of Technology*) »...

Et pas dans n'importe quel domaine : il y était entré en physique atomique théorique. Trois semaines plus tard, il reçoit un paquet, et, dedans, il y a le *Yi Jing*. Il était entré au M.I.T., donc c'était lui le chef de famille, et son père lui envoyait l'exemplaire familial...

Quelques temps plus tard, en 1955, il reçoit la visite d'un autre chercheur chinois aux Etats-Unis, en physique atomique lui aussi, qui entre dans son bureau et qui lui confie : « Kerson, je crois que j'ai trouvé un truc intéressant. »

Ce collègue était d'origine chinoise comme lui, il s'appelait Tsung-Dao Lee, et il avait découvert la violation de la parité, dans les désintégrations *Béta* (découverte pour laquelle il aura le Prix Nobel deux ans plus tard).

Et que lui propose Kerson Huang ?

*Un Temps* : Il y a un rapport avec le *Yi Jing* ?
**C.J.** : En effet, il lui dit : « Veux tu que nous consultions le *Yi Jing* pour solenniser le moment ? »

La paléographie suscite toujours l'émotion. Ces caractères avaient du sens il y a des millénaires, et ils ont traversé le temps pour porter témoignage d'une pensée et d'intentions...

*Un Temps* : Bien entendu, on n'a pas le résultat ?
**C.J.** : Non, malheureusement, mais là on a l'utilisation confucéenne du *Yi Jing*. Qui n'a rien à voir avec Mei Hua Shu, la numérologie chinoise, la Fleur de Prunier, de Shao Yong (le Nostradamus chinois), aussi dit "le *Yi Jing* des marchés"... celui-ci ayant été traduit en français sous le titre de "*Yi Jing* de la simplicité", alors que ça reste très complexe.

Ça ne se base que sur l'application des 5 éléments sur les 6 niveaux, et des considérations temporelles, en cycle sexagésimal... donc ce sont des algorithmes qui n'ont plus aucun sens, et surtout qui n'ont plus aucun recours au texte. Or, fondamentalement, le *Yi Jing* est un texte.

*Un Temps* : Et un texte de sagesse ?
**C.J.** : Ce qu'il y a d'extraordinaire dans le *Yi Jing*, et par ce point il se rapproche curieusement de la culture hébraïque, c'est qu'il est le résultat d'une distillation qui a pris un millénaire...

En résumé, c'est parti des carapaces de tortue... La carapace de tortue donnant une information sur la qualité du moment.

Quand c'est dit comme ça, ça fait ésotérique. Sauf que, pour des paysans, la chose essentielle est : "Est-ce qu'il va pleuvoir ou pas ?" ... "Est ce que je récolte maintenant, ou est-ce que j'attends encore une semaine pour que les épis grossissent encore plus, en espérant qu'il n'y ait pas un orage qui aille me les coucher ?"

Les gens qui comprennent ça très bien sont les vignerons suisses. Pour eux, un jour de soleil ça vaut de l'or, mais un coup de grêle, et tout est fini.

Et avec les carapaces de tortue, la moitié des questions porte sur la pluie. Les carapaces sont des téguments osseux, qui sont par nature sensibles aux degrés d'humidité de l'air...

Autrement dit, les carapaces de tortue fonctionnaient comme des baromètres. Et le baromètre ne dit pas le temps qu'il fait, mais le temps qui va se faire, qui est en train de se faire.

*Un Temps* : Ce n'est donc pas de la divination, même si ça peut en avoir l'air... ? Personne n'a jamais dit qu'un baromètre était un instrument divinatoire ?
**C.J.** : Les Chinois étant des gens sérieux, ils conservaient leurs carapaces, pour vérifier a posteriori si l'analyse avait été juste ou pas.

Et le professeur Olivier Venture nous a montré une carapace portant la question négative et la question positive – à la chinoise –, plus dans un coin l'analyse, et encore dans un autre coin l'observation : « Oui, il a plu dans cette décade-là.» La vérification a posteriori...

*Un Temps* : Pour oser subir la vérification, il faut être sûr de son fait...
**C.J.** : Donc, ils gardaient leurs carapaces. Et comme tous les gens qui font des archives, ils ont eu des problèmes d'archivage. Pour s'y retrouver. Donc, ils ont inventé des signes mnémotechniques permettant de se rappeler la date, la personne, la question et l'analyse.

Et ces signes mnémotechniques sont... les caractères chinois. C'est-à-dire que le proto *Yi Jing* est à la source même de l'idéographie. C'est autre chose qu'un paquet de runes ou un jeu de Tarots... La dimension culturelle du *Yi Jing* est tout de même très importante...

*Un Temps* : Effectivement...
**C.J.** : Mais ce n'est pas fini... A force, l'écriture a démultiplié l'intérêt pour l'auguration. Ce que nous appelons la méthode essai-erreur, qui est une méthode scientifique.

*Un Temps* : Ce qui rejoint votre critique de l'idée de divination...

**C.J.** : Oui, il faut le dire pour enfin sortir le *Yi Jing* de cette ornière. Et donc, disais-je, en ayant démultiplié l'usage des carapaces de tortue, on en est arrivé à l'extinction des tortues d'eau douce de Chine du Nord... Alors comment faire ?

On n'allait pas revenir aux omoplates de bœuf de jadis. Là, l'esprit paysan, pour lequel l'écoulement du temps n'est pas linéaire mais circulaire se dit : «...mais, une inondation comme ça, on en avait déjà eu une, telle année...

Donc, aujourd'hui, ce prince vient demander une auguration, on n'a plus de tortues, mais on a certainement dans nos archives une tortue qui aurait porté la même réponse...»

Un peu comme un médecin qui regarde dans ses notes (ou un dictionnaire) pour voir qu'à tels symptômes on avait associé tel remède, et que ça avait marché. Mais, problème : comment retrouver la bonne carapace ? Et c'est l'origine des baguettes d'achillée...

*Un Temps* : Ah oui, mais là elles sont utilisées pour faire appel au hasard ?

**C.J.** : Non, elles sont utilisées pour apprivoiser le hasard. Elles réduisent de 25 possibilités à 4 possibilités seulement. Mais nous parlions des archives... C'est-à-dire que des carapaces de tortues de tailles différentes, liées ensemble par bottes de dix... Imaginez...

Une bibliothèque de carapaces de tortue... Il faut savoir quelle botte, défaire le nœud, sortir la carapace... Ils se sont dit : « Ce n'est plus possible, il faut rationaliser »... Parce que les Chinois, aussi, sont parfois paresseux...

*Un Temps* : Pragmatiques ?

**C.J.** : Paresseux. Mais des paresseux intelligents. Et ils se sont dit : « Ces carapaces, c'est trop, on va les recopier sur des lattes de bambou, ça sera nettement plus maniable »... Combien avaient-ils de carapaces de tortues ?

*Un Temps* : Des dizaines de milliers ?

**C.J.** : Vous êtes loin du compte ! On en a retrouvé 400.000, entières ou en morceaux, et on estime que c'est seulement le dixième des archives. Ils avaient 4 à 5 millions de carapaces.

*Un Temps* : Il ne faut plus s'étonner que les tortues aient disparu de Chine du Nord.

**C.J.** : Et ensuite ils ont conclu : « Mais on ne va pas recopier 4 millions de carapaces ! Surtout que sur bon nombre de carapaces, la synthèse est "Tout va bien". Donc ce n'est peut-être pas la peine de les recopier toutes... » ...Et c'est ça qui est extraordinaire, ils vont interpréter un ensemble d'informations quasi infini (4 millions de carapaces)... Ils vont mettre 1000 ans pour résumer ça en un petit livre de 64 chapitres et de 4082 idéogrammes.

*Un Temps* : Un petit ensemble cohérent reflétant la cohérence d'ensemble du monde réel ?

**C.J.** : On peut prendre le mot synthétiser, pour éviter les références jungiennes...

*Un Temps* : Et donc ce petit livre ?...

**C.J.** : C'est un texte qui contient 4082 idéogrammes... Un nombre intéressant... 4096 moins 14... Car 4096 c'est le carré de 64. Et là on arrive au diamant.

Le texte canonique du *Yi Jing* est un ensemble de 64 chapitres, qui font en moyenne 64 idéogrammes. Question : pourquoi n'y a t-il pas 4096 idéogrammes ?

Parce qu'alors, ce serait parfait, et ce serait divin. Le fait que ce soit imparfait montre que c'est humain. Ça, c'est le fondement laïque du *Yi Jing*.

Pourquoi cela, en sortant des raisons philosophiques que je viens d'évoquer ? Parce que les Chinois ne sont pas orthodoxes...

Il y a là un jeu de mot, parce que les Grecs, qui sont devenus orthodoxes, avaient l'équerre pythagoricienne 3-4-5 pour construire en pierre... Mais les Chinois sont des charpentiers...

Jusqu'à fort récemment, toutes les maisons en Chine, même la plus belle, étaient en bois.

Donc les charpentiers chinois utilisaient une équerre 4-8-9...

4 fois 4, 16 ; 8 fois 8, 64 ; 9 fois 9, 81. Or 64 et 16, ça fait 80. On n'est pas à 81. L'équerre n'est pas orthodoxe.

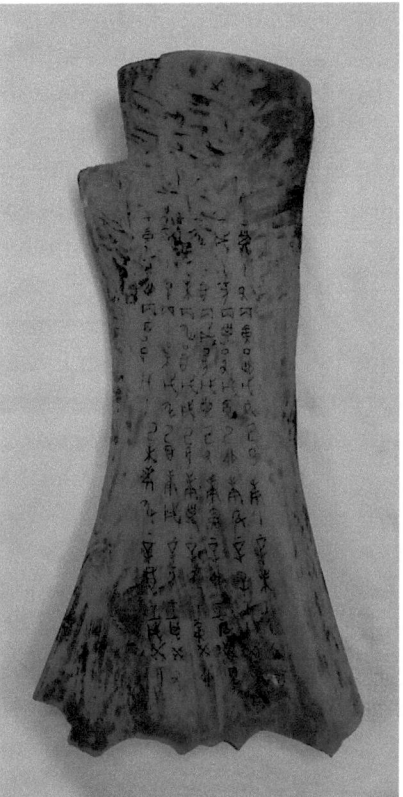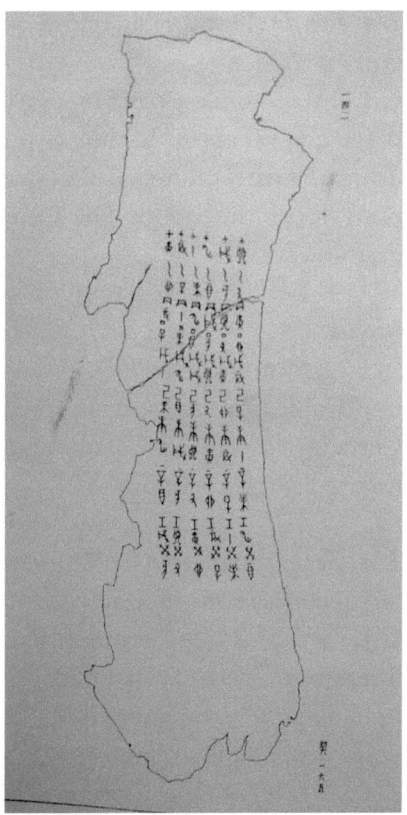

Un ancien os d'omoplate et, à droite, la transcription, davantage lisible, des idéogrammes gravés à sa surface. Collection particulière de Cyrille Javary.

*Un Temps* : Et ils l'ont fait exprès ?

**C.J.** : Ce qui est important pour un charpentier chinois, c'est qu'il n'y ait pas d'angle droit à 90°.

Pourquoi ? A Pékin, la température est rarement positive en Janvier. Il fait 40° en été. Et le bois, ça joue.

Donc si on ne laisse pas ce vide... – Lao Zi dira : « C'est le vide dans le moyeu qui fait tourner la roue » –, le truc se grippe.

*Un Temps* : Donc il faut que ce soit un peu de guingois ?

**C.J.** : Mais ce n'est pas fini. On est dans le *Yi Jing*, parce que j'ai appris le chinois pour comprendre le *Yi Jing*. Et dans celui-ci, il n'y a que 11 hexagrammes dont le commentaire fait exactement 64 idéogrammes.

Les 53 autres font un peu plus, un peu moins.

On retrouve l'idée chinoise que la règle est implacable mais que son interprétation est aléatoire. Certains conseils ont besoin de peu de développement, d'autres de davantage.

*Un Temps* : Et les 11 commentaires qui font 64 idéogammes sont spéciaux ?

**C.J.** : Pas plus que les autres. Par contre, ce qui est intéressant, c'est que la Situation Type (expression qu'il faudrait souligner) dont le texte est le plus court fait 30 idéogrammes.

C'est à dire 64 moins 53%. La Situation Type dont le texte est le plus long fait 95 idéogrammes, soit 64 plus 48%.

Donc le *Yi Jing* est un texte de 64 chapitres qui ont globalement 64 idéogrammes, plus ou moins environ 50%.

*Un Temps* : Vous allez sans doute nous dire quelle est la Situation Type la plus courte ?

**C.J.** : A votre avis ?

*Un Temps* : Ce serait quand la situation est favorable et que tout va bien ?

**C.J.** : Pas tout-à-fait. En fait c'est une Situation Type dans laquelle tout communique bien. L'hexagramme dont le texte est le plus court c'est l'hexagramme 58, "*Duì*", dont le nom signifie "Joyeuse communication".

Si ça communique, et qu'un bon courant vous entraîne vers votre but, il n'y a pas trop à s'en faire.

---

*L'harmonie, c'est quand tout communique.*

---

*Un Temps* : Vous avez publié, sur tout cela ?

**C.J.** : Oui, bien sûr. J'ai écrit tout cela dans "*Le Discours de la Tortue*".

*Un Temps* : Et vous voulez sans doute en venir à la Situation Type dont le texte est le plus long ?

**C.J.** : Exactement. La Situation Type la plus difficile à gérer porte le numéro 47, "*Kun*", ce qui signfie "Épuisement".

On lit dans le texte du commentaire général de la situation : « On parle, et on n'est pas entendu ». La parole n'a pas pénétré l'interlocuteur. Autrement dit, il y a épuisement de la communication. Il faut en déduire que le *Yi Jing* ne parle que de communication. L'harmonie, c'est quand tout communique.

*Un Temps* : Phrase définitive !

**C.J.** : Le principe chinois qui régit aussi bien la calligraphie, l'acupuncture, ou autres, (la cuisine, tout) c'est la fluidité de la communication, et la communication de l'énergie…

Et c'est pour cela que le *Yi Jing* coiffe tous les Arts chinois, puisque lui, il analyse cette fluidité énergétique.

*Un Temps* : Et les cohérences...
**C.J.** : L'Harmonie, pour nous, c'est la balance de Roberval\*\*\*, qui indique l'équilibre, la justice. Et ce genre de balance à plateaux, on le trouve déjà chez les Egyptiens...

Les Chinois ont poussé très loin l'étude de ce symbolisme, car le rapport *Yin-Yang* n'est jamais égal...

Par exemple, le rapport entre la durée du jour et celle de la nuit n'est égal que deux jours par an. Donc, on débouchera, à la fin, sur l'idée qu'on va fabriquer de l'harmonie, parce qu'elle n'existe jamais longtemps en soi. L'harmonie est une idée, la fonction d'harmonisation est un travail.

*Un Temps* : Quel est l'idéogramme pour l'harmonie ?
**C.J.** : Il y en a deux, un *Yin* et l'autre *Yang*... l'un 合 *hé*, évoque l'harmonie du semblable, l'autre 和 qui se prononce aussi *hé*, l'harmonie du différent.

Un peu comme le chant choral et le chant canon. Les deux prennent comme image de cette harmonie des concepts alimentaires : pour l'un c'est le bol et son couvercle, l'harmonie du semblable,

\*\*\*Balance à double plateau mise au point par Gilles Personne de Roberval au XVII<sup>e</sup> siècle, qui servira pour le commerce autant que pour les sciences. On trouve des exemples de ce type de pesage par équilibrage des plateaux depuis trois mille ans, comme en atteste la représentation de la pesée de l'âme sur des papyri égyptiens.

car le couvercle doit s'adapter au bol, et l'autre qui représente la bouche et l'épi, parce que ce sont les chants alternés des semeurs, le chant canon, l'harmonie du dissemblable.

Il est très courant que là où nous avons un mot, les Chinois en ont deux... Toujours le *Yin-Yang*.

*Un Temps* : Quelles sont vos recherches actuelles ?
**C.J.** : Si Héraclite est le plus chinois des penseurs grecs, Gregory Bateson (1904-1980), un des fondateurs de l'école de Palo Alto, est le plus chinois des penseurs américains modernes...

Je suis en train de construire, avec un spécialiste des thérapies brèves de type batesoniennes, des expériences et des approches, entre les thérapies brèves et les injonctions du *Yi Jing*.

---

*On retrouve l'idée chinoise que la règle est implacable mais que son interprétation est aléatoire.*

---

L'idée des thérapies brèves batesoniennes, c'est que plus on va chercher à sortir quelqu'un de son angoisse, plus on risque de l'y enfermer. La thérapie brève repose sur l'injonction paradoxale (que Bateson a mis en évidence avec le concept de double contrainte - ndlr).

Par exemple, si quelqu'un a des tendances suicidaires, la question est : « Bon, eh bien, qui va t-on inviter à votre enterrement ? »

La personne va jusqu'à sortir son carnet d'adresses, et examine les possibilités, ce qui la sort de sa boucle...

*Un Temps* : Le *Yi Jing* propose-t-il des injonctions paradoxales ?

**C.J.** : Le *Yi Jing*, c'est la même chose, mon expérience m'a montré, sur des milliers et des milliers de tirages que j'ai réalisés, qu'il y a trois et seulement trois types de réponses :

1) « Ah, eh bien je le savais déjà… » mais peut-être pas assez puisqu'il y avait question ;

2) « Je n'y avais jamais pensé » - Merci Oncle Li ;

3) Le silence, et là, on sent que le *Yi Jing* a touché un niveau profond et douloureux… On n'a rien à dire, on se tait. C'est uniquement à la personne de voir ce qu'elle doit faire.

Heureusement, c'est une réponse rare. … Et en fait, je n'ai jamais eu d'autre type de commentaire d'une réponse du *Yi Jing*, à toute question formulée selon : « Comment dois-je me comporter dans telle situation vis-à-vis de tel… »

*Un Temps* : Et on aboutit à la proposition d'un comportement ?

**C.J.** : Prenons un exemple type : Un ami me téléphone et me dit : « J'ai un entretien d'embauche demain matin… Comment faire ? J'ai tiré un *Yi Jing*, tu ne veux pas me l'expliquer ? »

…Souvent d'ailleurs on me demande de faire le tirage – Je déteste faire ça au téléphone, mais c'est un copain, bon…

Et voila qu'apparaît l'hexagramme 25 *"Wu Wang"* qui signifie : "Spontanément", et qui conseille d'agir sans plans préconçus… Alors je lui ai dit : « Pour te préparer à cet entretien d'embauche demain, arrête d'y penser et va au cinéma. »

Le *Yi Jing* nous propose toujours une stratégie de comportement. C'est un manuel pratique d'aide à la prise de décision, toujours efficace même si quelquefois, le conseil semble paradoxal, comme je l'évoquais à propos de la thérapie brève…

*Un Temps* : Merci pour ce bel et long entretien…

1 - Descartes, *Discours de la Méthode*, 3$^{ème}$ partie
2 - Eulalie Steens, *Dictionnaire de la Civilisation Chinoise*, Ed. du Rocher, 1996, article "papier", p. 361.

---

**Ouvrages De Cyrille Javary publiés récemment :**

- *Cent mots pour comprendre les Chinois* (Albin Michel 2008)

- *L'esprit des nombres écrits en chinois. Symbolique & emblématique* (Signatura 2009)

- *Dans la Cité Pourpre Interdite, promenade Yin-Yang* (Picquier Poche 2009)

- *Les Rouages du Yi Jing, introduction au Livre des Changements* (Picquier Poche 2010)

- *Les trois Sagesses chinoises : Taoïsme, Confucianisme, Bouddhisme* (Albin Michel 2011)

- *La Chine nouvelle. Être riche est glorieux*, avec A. Wang (Larousse Petites encyclopédies 2012)

- *La souplesse du dragon. Fondamentaux de la culture chinoise* (Albin Michel, janvier 2014)

- *Le Yi Jing* (Lexio poche Ed. du Cerf, nov. 2014)

- *Confucius, vieux sage ou maître actuel ?* coffret 3 CD audio. Fremeaux Associés janv. 2015

- *L'Esprit du Yi Jing,* dossier de la revue *Planète Chinois* n° 23 mars 2015
- *La Sagesse de Confucius* Ed. Eyrolles (avec 16 fiches portraits des disciples) janv. 2016
- *L'Esthétique des défunts* in « *Esthétique du quotidien en Chine* » sous la dir de D. Elisseeff 2016
- *Yin Yang, emblème de la pensée chinoise* coffret 3 CD audio. (Fremeaux sept 2016) « Coup de cœur de l'Académie Charles Cros ». sept. 2017
- *La Souplesse du dragon. Fondamentaux de la culture chinoise* (Albin Michel, poche mars 2017)

**Dernier ouvrage paru :**
*Yin-Yang, la dynamique du monde*
**Albin Michel (2018)**
**postface de Danielle Elisseeff.**

## Extraits de la présentation du *Yi Jing* chez Albin Michel

*Un regard nouveau sur le Livre des Changements*
*Le Yi Jing*
*Traduit & expliqué par Cyrille J.-D. Javary*
*et commenté en collaboration avec Pierre Faure*

Texte fondateur du mode de pensée chinois, le *Yi Jing* (dont le nom, qui signifie *Livre des Changements*, s'écrivait naguère Yi King) est un diamant méconnu. ...Il a servi de base conceptuelle, de vocabulaire intellectuel et de référence philosophique à la quasi-totalité de ce qui s'est pensé en Chine durant ces deux derniers millénaires. C'est entre autres pour l'expliquer que les Chinois ont inventé les idées de *Yin & Yang*, tout comme on peut

presque dire que c'est pour le rédiger qu'ils ont créé leurs étranges signes d'écriture.

Parvenu il y a moins de trois siècles en Occident, le *Yi Jing* y a toujours été considéré de manière excessive. Les sinologues l'ont longtemps rejeté, laissant les missionnaires le traduire, soit pour le critiquer, soit pour le convertir en lui ajoutant une dimension divine assez étrangère à la pensée *Yin-Yang*. Jamais ne s'était penché sur le *Yi Jing* quelqu'un qui connaissait à la fois le chinois et le *Yi Jing*. Voilà pourquoi cet ouvrage qui montre un *Yi Jing* raisonnable, efficace et rigoureux marque un tournant dans le regard sur le *Livre des Changements*.

La traduction de Cyrille J.-D. Javary, par une étude minutieuse qu'il ne serait pas excessif de qualifier de structuraliste, non seulement fait apparaître la finesse totalement méconnue de l'organisation du texte archaïque et du système de graduation des indications stratégiques qu'il contient, mais de plus, par la hardiesse de ses choix, rend vivant les mots qu'il contient en en renouvelant complètement moins le sens que la portée. Il est le premier par exemple à rendre aux noms des hexagrammes leur valeur d'indication stratégique en les rendant par des verbes et non des substantifs : ce qu'on croyait être une dissertation sur "la durée" (hexagramme 32) devient une injonction à "endurer". Pour la première fois aussi, tout le vocabulaire divinatoire imposé par les missionnaires et répété depuis (...) est rejeté au profit de termes plus neutres, plus abstraits, (...) plus appropriés à l'analyse énergétique caractéristique du *Yi Jing*.

L'ensemble prend alors une toute autre signification et l'aspect manuel d'aide à la prise de décision du *Yi Jing* ressort alors avec plus de clarté. Sur cette base solide et précisée par des explications sinologiques détaillées des noms des hexagrammes et des principaux termes chinois, les commentaires généraux, rédigés en collaboration avec Pierre Faure, (...) précisent simplement les stratégies que le texte et les rouages du *Livre des Changements*, proposent pour chacun des six tournants des 64 situations-type. La présentation des textes, en faisant ressortir la structure interne du système du *Yi Jing*, non seulement rend son emploi plus facile mais également révèle l'originalité de ce « plan du monde » en perpétuel changement dont la dynamique affleure à chaque niveau de sa description (...) des agencements dynamiques et des formes vivantes...

**Merci à Cyrille Javary de nous avoir confié ces méthodes de tirage.**

Prendre 50 baguettes, si possible d'achillée. Se poser dans l'instant puis poser la question sur une feuille de papier. Indiquer aussi la date. C'est utile pour réexaminer votre tirage ultérieurement. Mettre à part une baguette. Elle est "L'Un", l'unité du monde et l'unité du consultant. N'utiliser pour le tirage que les 49 baguettes restantes.

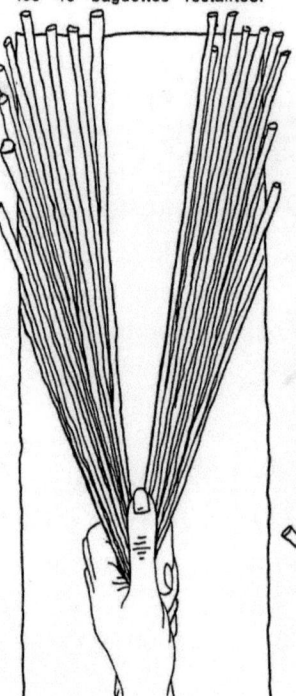

Prises dans la main gauche, les séparer avec le pouce et poser les deux tas devant soi.

Prendre une baguette du tas de droite, la mettre entre l'auriculaire et l'annulaire de la main gauche, puis compter 4 par 4 le tas de gauche. Mettre le reste (qui compte 1, 2, 3 ou 4 baguettes) entre l'annulaire et le majeur gauche. Compter le tas de droite 4 par 4 et mettre le reste entre le majeur et l'index de la main gauche. Au final, il ne peut y avoir dans cette main qu'un reste (a) de 5 ou 9 baguettes. Le poser à part.

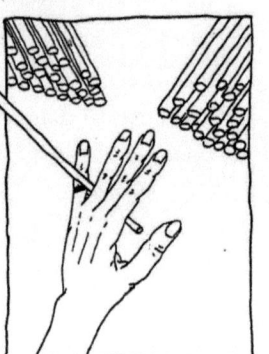

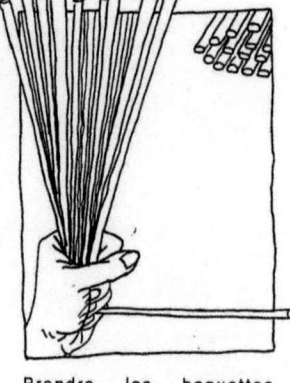

Prendre les baguettes restantes et recommencer l'opération. (Diviser en 2 avec le pouce, mettre une baguette du tas de droite entre auriculaire et annulaire gauche, compter 4 par 4 le tas de gauche, mettre le reste entre annulaire et majeur, et compter le tas de droite). Cette fois-ci, il ne peut rester entre les doigts de la main gauche qu'un reste (b) de 4 ou 8 baguettes. Le mettre aussi à part, à côté du reste (a).

# Un Temps - Numéro 5  Juin 2019      Méthodologies            55

Recommencer une troisième fois l'opération avec les baguettes restantes. Là encore, le reste (c) dans la main gauche ne peut être que 4 ou 8 baguettes.
En résumé, (a)=5 ou 9 et (b)=(c)=4 ou 8.

L'addition (a+b+c) des trois restes donne 13, 17, 21 ou 25 baguettes. Le complément de ces nombres à 49, c'est à dire en réalité le nombre de baguettes que l'on a compté, donne 36, 32, 28 ou 24. Ou, en divisant par 4, les quatre chiffres 9, 8, 7 et 6.
On obtient la première ligne de l'hexagramme en transcrivant ces chiffres en langage Yin/Yang suivant le tableau ci-dessous :

```
5+4+4=13 ------------> 9
Trait Yang Mutant Devenant Yin
5+4+8=5+8+4=9+4+4=17 --> 8
Trait Yin Stable Restant Yin
5+8+8=9+4+8=9+8+4=21 --> 7
Trait Yang Stable Restant Yang
9+8+8=25 ------------> 6
Trait Yin Mutant Devenant Yang
```

Une fois obtenu le premier trait, on reprend les 49 baguettes et réitère l'opération jusqu'à obtention du sixième trait, en n'oubliant pas qu'un hexagramme se construit toujours du bas vers le haut, de la Terre vers le Ciel.

On écrit l'hexagramme tiré en mettant un trait yang en regard des chiffres 7 et 9 et un trait yin en regard des chiffres 6 et 8. Une fois écrit l'hexagramme tiré, on place les mutations, c'est à dire un rond sur les traits en face des 9 et une croix au milieu des traits en face des 6.

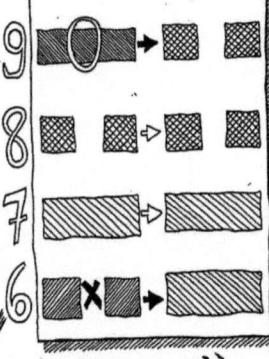

On écrit à côté, à droite, l'hexagrammme muté en remplaçant les traits yang mutants (numérotés 9) par des traits yin et les traits yin mutants (numérotés 6) par des traits yang.

EXEMPLE DE TIRAGE :

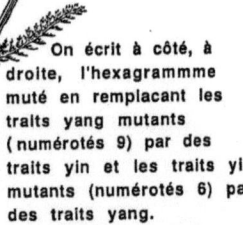

HEX. TIRÉ    HEX. MUTÉ

**...ET AVEC LES PIÈCES.**
Prendre trois pièces semblables. Fixer une convention de polarité pour la valeur de chaque face. La plus commode et la plus mnémotechnique est de prendre PILE = YIN et FACE = YANG. Yin, pair, est compté 2. Yang, impair, est compté 3. A chaque jet des trois pièces, la somme des trois faces donne alors :
3+3+3=9   3+3+2=8
3+2+2=7   2+2+2=6

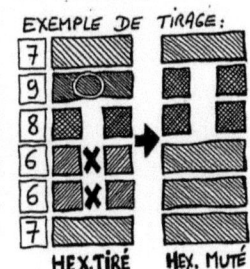

Après six jets de pièces, on procède comme avec les baguettes pour obtenir les deux hexagrammes du tirage. S'il n'y a pas de traits mutants, les hexagrammes tiré et muté sont identiques.

Djohi organise en Août 2019 un Stage de *Yi Jing*
www.djohi.org

## Etude et usage du Yi Jing

Le *Yi Jing*, grand livre **du Yin et du Yang** (autrefois orthographié *Yi King*) tient dans la civilisation chinoise une place comparable à celle du *Discours de la Méthode* dans la pensée occidentale. Il a servi de fondement conceptuel, de vocabulaire et de référence à la quasi totalité de ce qui s'est pensé sur les rives du Fleuve Jaune.

Longtemps perçu comme un ouvrage divinatoire, il retrouve maintenant la place qu'il avait dans la Chine classique, celle d'un **Plan du monde** sous une forme abstraite et dynamique doublé d'un manuel pratique d'**aide à la prise de décision** dont la connaissance était exigée de tout candidat à un poste mandarinal.

« Djohi » est la transcription phonétique de l'appellation usuelle du *Yi Jing* en chinois. **Centre Djohi** est une association sans but lucratif dédiée à l'étude et à l'usage de ce livre-là.

N'y cherchez ni "tirages" en ligne; ni consultations payantes, ni prédictions de l'avenir, le Centre Djohi n'a rien à vendre, il se veut uniquement **un réseau** dont l'objectif est de développer l'usage individuel du *Yi Jing* en créant un **lien** productif **entre** tous **ceux que le changement passionne.**

Cyrille J-D Javary
Président du Centre Djohi
depuis sa fondation en 1985

# LA RÉCEPTION DE LA PREUVE

### Et si la Méthode dite hypothético-déductive était fort incomplète ?
## Charles Imbert - Ecrivain

Posons que le but final de toute méthode serait de trouver ou aller au Vrai.

Les méthodes matérielles veulent que ça marche ou que ça colle vraiment, les méthodes morales veulent que les comportements sociaux soient dans la vraie nature de l'Homme, les méthodes de pensée ne se satisfont que de la fameuse adéquation, marque du Vrai en philosophie ou en maths.

Et le Vrai est accessible de trois manières : par l'évidence, par la cohérence, et par l'expérience. Par là, on devine ou intuitionne que le Vrai, en fait, c'est un Pôle divin caché dans le Sacré (surprise !). Mais le Vrai porte quantité de noms : le valable, le positif, le véritable, l'authentique, etc.

Pour en mieux parler, on (r)appelle en général la manière ou la voie (évidence, cohérence, expérience) par laquelle on y est arrivé.

• L'évidence, d'abord, semble évidente, mais elle est comme un trou sans fond auquel il manquerait les bords : le fait de ne pouvoir "en dire plus" peut exciter les commentaires, et Heidegger, par exemple, a discouru sur elle.

• La cohérence reste très mal connue, et il n'y a à ma connaissance que le génial Jacques Ravatin qui en ait bien traité.

• Quant à l'expérience, elle est au contraire trop connue, puisqu'elle fonde ou prétend nommer une démarche qui est tout simplement celle de la vie elle-même (je fais, je vois bien).

En effet, notre vie est la première méthode pour grandir en expérience, tout au long de notre vie, tout comme un végétal tendra à ne pas cesser d'augmenter sa taille.

C'est pourquoi on a nommé Expérience le fait de faire vivre une démonstration, laquelle suivrait en fait une méthode de production. La plus célèbre méthode sera sans doute la méthode scientifique hypothético-déductive.

Je pourrais avancer que l'idée de Claude Bernard sur la méthode scientifique hypothético-déductive (1) m'est toujours restée assez claire, puisque j'ai achevé un cycle d'études au Lycée Claude Bernard, père désigné de celle-ci. Hélas, elle illustre surtout l'idée que la Science se donne d'être une

Révélation, et la plus haute activité humaine... mais une Science traitant de la matière, morte, et administrant – plus ou moins – celle-ci.

---

*La découverte empirique est un résultat, et les méthodologies se prétendent les manières d'arriver aux résultats, le bon chemin opératoire.*

---

Claude Bernard, médecin, ne disséquait que des cadavres, et sa "méthode" arriva quatre cents ans après les débuts de la réflexion sur la manière de "bien penser" (Michel Barster s'est quant à lui occupé des méthodes du mal penser). Cette arrivée tardive est normale : une méthode n'est validée et baptisée qu'après de multiples démonstrations.

Pour autant, il n'est pas dit que le choix des étapes de la méthode soit bien complet ou bien posé, puisque de nombreuses critiques lui furent adressées.

En particulier, c'est bien connu, il sera inutile de préciser que le trou béant, dans la méthode hypothético-déductive, c'est l'hypothèse elle-même. Pourquoi vient-elle ? Est-elle induite par des résultats formant socle ? Il faudra aussi y revenir après une nécessaire présentation du cadre de sa problématique.

Il existe des découvertes empiriques qui se passent de méthodologies (ou qui en appellent une, à rebours, pour démontrer et remontrer le résultat acquis en premier, parfois comme incise d'autres recherches... La méthode hypothético-déductive étant une de ces constructions). Il est commun, caricatural, de rappeler des faits comme : « Ils cherchaient une colle forte et découvrirent les anti-adhésifs » ou d'autres exemples plus ou moins exacts d'un 'progrès' donnés par le hasard. Dans ce cas, la réception de la preuve est alors tout simplement la réception d'un résultat, mais cette agrément reste problématique, et d'autres exemples rappellent que des résultats refusés dans un premier temps furent ensuite repêchés, parmi les poubelles et les rebuts.

Cet article aurait donc pu aussi s'appeler « La réception du résultat », car cette réception ressort de la même problématique que celle de la preuve, mais on sait que la preuve porterait en elle des vertus qu'on prétend capables de convertir des oppositions (ce qui est faux, on peut le vérifier) ; aussi le mot preuve, plus efficace, s'est imposé.

La découverte empirique est un résultat, et les méthodologies se prétendent les manières d'arriver aux résultats, le bon chemin opératoire. Précisons aussi, d'entrée de jeu et en ouverture d'article, qu'il existera des quantités de résultats intéressants, excitant la recherche, certains matériels, d'autres psychologiques, et que ce qui est nommé Méthode en sciences exactes pourra s'appeler Chemin ou Yoga ou Analyse psychologique. Dans tous les cas, la problème de la réception de la preuve c'est-à-dire de la faveur plus ou moins grande d'un résultat, pourra se poser, et c'est bien le sujet de cet article.

### Naissance de la vérification

C'est une évidence de rappeler que la méthode scientifique est née, en Occident, à partir de la spéculation théologique. Cependant, et tout de suite, cette évidence pourrait être disputée, en gros et en détail : Qu'appelle-t-on méthode Scientifique (ce numéro essaye de rappeler et dépasser les opinions sur ce point) ou la spéculation théologique ?... Quelle naissance, et quand ? – Il faudra négliger ici ces certes intéressantes précisions, qui ne sont pas de nature à remettre en question le fond : les premiers théoriciens occidentaux, à la Renaissance, baignaient dans la pensée unique chrétienne, son jargon, et ses concepts issus du néo-platonisme.

Derrière cette contestation de l'évidence, on constatera l'existence d'une opinion largement répandue, qui voudrait prétendre que la Science, et sa méthode, sont nés, tout au contraire d'une prise de conscience athée. Par le mot 'athée', cette opinion admet qu'il s'agissait parfois de pensées crypto-athées, ou parfois de pensées n'osant pas s'avouer à elles-mêmes qu'elles l'étaient de fait. Il conviendrait alors de chercher des précurseurs, comme Démocrite (un des Papes grec de l'Atomisme, donc du corps matériel défini comme matériel *stricto sensu* – du moins on essaierait d'y voir ça, contresens haut brandi). On rangerait alors du côté de la Science, et de ses idées expurgeant prétendument des variables cachées, tous les athées possibles, et ils furent nombreux. Las, ce ne sont pas les athées qui ont fait la Science, ni le Progrès, ni la marche des découvertes, depuis – et à partir de – l'époque médiévale...

Le Moyen Âge ! Comme il est curieux de remarquer qu'en voulant ranimer l'Esprit Antique, les penseurs de la Renaissance ont au contraire fondé les conditions de l'Expérience sensible des faits ! Et ceci, on y revient, à cause du Thomisme pour de

Rembrandt (1606–1669) a vu ce qui s'est passé, et voici son croquis, en 1634, de l'événement fondateur de la Vérification par l'expérience matérielle... mais Thomas n'ose plus vérifier !... Photo : 'own work' libre de droits du Musée Pouchkine, Moscou (domaine public).

vrai, c'est-à-dire non pas de Thomas d'Aquin, disciple d'Albert Le Grand, et frotté d'Alchimie sur toutes les coutures, mais à cause de Saint Thomas, le disciple qui déclare, suite aux premières apparitions du Rabbi (le Patron, car c'est seulement ainsi que le désignaient les Disciples) : « Si je ne mets pas le doigt à la place des clous et ne mets pas la main dans son côté, je ne croirai pas. » Une semaine après cette annonce, Jésus qui est venu en corps de *Gloyre*, passant à travers les murs, et qui n'est donc qu'un ectoplasme, une densification, lui répond : « Avance ton doigt ici, avance ta main et mets-la dans mon côté ». Et il n'est pas du tout dit que Thomas touche, mais en fait il prononce « Mon Seigneur et mon Dieu. » Ce passage se trouve chez Jean, XX, 25-29.

On se souviendra, à l'époque de la sortie du numéro précédent de *Un Temps* (fin Mars 19), de la bévue, prononcée par une personne du gouvernement, ayant confondu Thomas Didyme le Disciple et Saint Thomas d'Aquin, l'élève d'Albert le Grand (Alchimiste parisien dont le nom, mal repris, donna la Place Maubert). D'Aquin eut paradoxalement sont rôle à jouer, lui aussi, dans la question des premières méthodologies… mais *plus tard*.

---

*De ce fait, hors domaine judiciaire (où il ne faut tout de même pas se moquer du monde), la coïncidence n'a plus beaucoup de valeur argumentaire…*

---

Chez Matthieu, pas de récit avec Thomas, juste la mention : « Quand ils le virent… certains d'entre eux, pourtant, eurent des doutes ». Chez Marc, on ne croit pas Marie de Magdala, ni deux disciples qui ensuite l'ont vu ; puis Jésus apparaît aux onze au complet en train de manger (on sait qu'il en manque un) et leur reproche d'avoir le cœur dur, c'est-à-dire de n'avoir pas cru Marie ni les deux choisis. Chez Luc, le passage dans le Chapitre 24 est assez long : cette fois Jésus accompagne deux disciples sur la route d'Emmaüs, mais ils ne peuvent le reconnaître, et ne le voient qu'au moment où, arrivé chez eux, Jésus rompt le pain et le leur donne, avant d'aussitôt disparaître. Les deux courent aussitôt prévenir les neuf autres, et Jésus apparaît à tous, qui sont effrayés, croyant voir un fantôme. Mais Jésus mange un morceau de poisson grillé, puis il leur ouvre l'esprit "*pour qu'ils comprennent les Ecritures.*"

Vous voyez (c'est le cas de le dire) ? Dès le V$^e$ siècle (après JC) et le triomphe du Christianisme en Occident, le critère de "j'y crois", c'est le tangible, et même le palpable. Autrement dit, le sens du toucher, pour discerner le vrai, est préférable au sens de la vision. Eh oui, on le sait, il existe de nombreuses illusions d'optique possibles, alors qu'on ne trompera pas beaucoup les ressentis physiques, censés parler directement à "l'être ici".

### Le rejet de conclusions ou d'évidences

Cette petite incise mènera à une première observation concernant la réception de la preuve : en effet, souvent, la preuve optique n'est pas reçue.

La preuve optique, sans doute, reste trop proche du sens de la vue, sens prédominant, on le sait, dans l'espèce humaine. Fort curieusement, si on ne discute pas le sens d'une lettre gravée, et donc d'un texte gravé, des difficultés nombreuses s'élèvent dès qu'il s'agit d'accepter la vision de quelque chose d'autre qu'une lettre : « ça ressemble bien à… mais vous savez, les illusions d'optique… » Sur la base de la fameuse illusion d'optique, se posera encore le fait que certains voient mal : non seulement ils ont des déficiences visuelles organiques, mais ils peuvent ne pas avoir "l'œil", terme qui englobe, chez les artistes, autant la perception d'une perspec-

Voici, en 1903, le fossoyeur de la psychologie philosophique, l'évolutionniste William James (1842 - 1910), qui pensait que « Les idéalistes sont faibles, les matérialistes sont forts » (il aurait dû rencontrer Savonarole).
Domaine public. Photo : Notman Studios (photographer). Source "MS Am 1092 (1185), Houghton Library, Harvard University."

tive ou de proportions faussées, que l'harmonie et la balance de plusieurs données représentées : ainsi il faut l'admettre, de l'inégalité des visions naît un rejet de la preuve optique, en général.

Et il existe d'autres refus de preuves. Par exemple, si dans les affaires de Justice la preuve par corroboration de témoignages est reçue, par contre elle n'est pas considérée comme scientifique. Tout au plus le faisceau des témoignages peut-il être reçu par des sciences molles, comme la psychologie, qui notera qu'un groupe important de personnes fait état, par exemple, d'une apparition (que ce soit la Vierge ou un fantôme, peu importe) dans un lieu et un temps donné. On sait qu'en effet la psychologie n'a pu être reçue dans le monde scientifique qu'en abandonnant sur le côté du chemin toute la parapsychologie, ceci à l'époque de William James, au XIX$^e$ siècle. Allons à la conclusion : les témoignages oraux sont donc considérés comme des faits éminemment subjectifs... Conclusion : "l'ouïe et la vision ne sont pas scientifiques."

De même, la preuve par coïncidences ne sera pas reçue. Les statistiques s'opposent dorénavant à ces *manifestations du fortuit*. Si les statistiques ne donnent pas leur verdict, il n'y a pas de coïncidence. De ce fait, hors domaine judiciaire (il ne faut tout de même pas se moquer du monde), la coïncidence n'a plus beaucoup de valeur argumentaire...

---

*Toute la méthodologie dite scientifique est là : une dissipation des incertitudes.*

---

Cependant, même avec des statistiques rigoureuses, certains faits relevant de domaines condamnés ne seront pas reçus. On se souviendra par exemple du *Dossier Astrologie* monté par Monsieur Gunther Sachs (2) à partir des statistiques disponibles chez des Assureurs suisses, concernant des événements de la vie qui puissent être mis en rapport avec des thèmes astrologiques, chez une assez grande quantité de sujets pour intéresser les *statistiques* : sa réception fut un flop, et surtout un exemple intéressant (un de plus), et probant, du déni scientifique.

D'autres biais fâcheux – on pourrait dire travers, tellement le pli est énorme – affectent la réception des preuves. Par exemple, si en matière historique, on parle toujours de personnages utilisant des objets, et non pas de l'objet seul, le phénomène du "contexte qui condamne" affectera hautement toute production de faits. Sans aller jusqu'au problème bien connu de l'idéologie autoritaire condamnant telle ou telle science marquée du sceau des derniers réprouvés en date, comme déviationniste et représentante de la pensée pourrie de tel ou tel précurseur, le phénomène touche et affecte les chercheurs eux-même : si quelque (même ancien) copain connu, à divers degré, a été mis à l'index, c'est la condamnation ipso-facto. On a l'impression de se retrouver entre Docteurs de l'Église, dans les premiers siècles de notre ère.

### L'hypothèse de Thomas : « Tu es fantôme. »

L'exemple de Saint Thomas devra aussi servir à situer la question de la primauté de la question sur la recherche. La méthodologie est issue d'une question qui présuppose une réponse, et si la réponse n'est pas acceptable, elle a de grandes chances d'être rejetée, malgré l'importance de son poids, si celui-ci est basé sur des faits. Cette question, assez centrale dans la réception de la preuve, est examinée un peu plus loin.

En effet, donc, la question posée au départ conditionne toute recherche. Elle diffère fondamen-

Claude Bernard (1813-1878) aux alentours de 1860. Professeur au Collège de France, à la Sorbonne, au Muséum, membre de prestigieuses Sociétés scientifiques internationales, décoré, ce *Maître à Penser* eut une influence colossale. Il disait entre autres : « L'idée expérimentale est donc aussi une idée a priori, mais c'est une idée qui se présente sous la forme d'une hypothèse dont les conséquences doivent être soumises au criterium expérimental afin d'en juger la valeur. » On veut bien le *croire*. Photo du domaine public, libre de droits.

talement d'une question subsidiaire induite, par exemple dans le fil d'un processus (du style, et par exemple « Que peut-on faire pour améliorer encore cet acier qui reste trop cassant ? ». Le critère d'une question vraiment nouvelle et non induite est la rupture, le renversement (et même parfois l'hérésie). Qu'elle soit produite comme "hypothèse" est amusant, sans plus. Une question en rupture est bien sûr possible (voir le N°1 de *Un Temps*) : par exemple, le questionnement de la recherche sur les nouvelles formes de carrosseries de voiture recherche en soi la rupture, le dépassement de toutes les formes en réfé-rence possibles.

Puisque le but final de toute méthode serait de trouver le vrai, la question, ou l'hypothèse, sont-elles même vraies (si, si, bien sûr) ? C'est pourquoi elles dépassent quantité de catégories, et restent non analysables par les fervents sectateurs d'une "vraie méthode progressiste". Et pourtant, ce n'est pas faute de voir grand et de vouloir faire des plans sur la comète, simplement ces intentions d'attente de révélations de vraies questions sont systématiquement déjouées. Alors, en attendant, on se contente de pis aller... et de valable en lieu et place du valide.

On sait toute la différence et la similarité entre le vraisemblable et le véritable, l'un pouvant être accepté et faire fonction de l'autre. Un mythe, et même un mot, sont des représentation mettant en œuvre du vraisemblable, du référent (de sens ou d'effet) pour faire fonction de véritable. Un processus d'acceptation similaire touche le valable et le valide : ce qui est valable peut être pris pour valide, et le valide peut-être pris pour sa sous-forme, le valable. Ce mécanisme, à propos des méthodologies, affecte ce que l'on nomme une Théorie. Celle-ci n'est que valable, elle n'est pas vraiment et complètement démontrée comme valide. On peut en dire qu'elle présente des sens vraisemblables, à défaut d'un véritable, d'une démonstration établissant un fonctionnement complet, démontré.

La Création, une hypothèse qui a la vie dure, tout en restant un concept flou et mystérieux (comme la mort), ce qui facilite les contresens (en particulier sur l'apparition du Nouveau)...
La création du Monde par Giusto de Menabuoi (1330–1390), fresque du Battistero del Duomo di Padova, Creative commons, scan from own photo of YukioSanjo.

Le danger est que la théorie, toujours non démontrée, puisse établir (faire recevoir) certains de ses aspects valables comme validés. Un concours d'éléments plurifactoriels peut ensuite renforcer l'acceptation de la théorie, devenue fort intéressante et acceptable pour et par ces éléments. Par exemple, la théorie du Big Bang est en fait une théorie de la Création, renforçant l'idée d'un début, même si des discours paradoxaux peuvent prétendre que ce ce début est un horizon, et qu'une compression du temps et de l'espace dans les premiers micro-moments et micro-lieux peut restaurer un infiniment... petit, où les choses se continuent.

### Le Hasard, cet ennemi devenu allié

L'introduction des premières méthodes statistiques, présentées comme l'étude du hasard, fut un séisme méthodologique dont on ne mesure pas l'ampleur dans toutes ses étendues, même si les premières avancées en étaient bien titubantes et accompagnées de balbutiements. Il était tout simplement question de démonter, expliquer, dévoiler le chaos.

*Ainsi, l'idée qu'il y aurait une méthode de la bonne méthode progressa lentement.*

En s'attaquant à celui-ci, on se débarrasserait de la prétendue "intelligence de la Nature" (ne pas confondre avec l'*anima mundi*, tout aussi douteuse) en prouvant que tout n'était dû qu'à un hasard tenant de très simples ordres, sans Grand Architecte ou Grand Horloger caché dans les coulisses pour donner des coups de pouce à sa *Création*. Bien sûr, au départ il s'agissait de s'attaquer aux jeux de 'hasard', car comme l'explique Patrice Serres, tout jeu n'est qu'une combinaison variable de hasard et d'habileté du joueur : autrement dit le jeu – on le sait – est un modèle de la vie ordinaire (ce qui fait que le joueur confondra symboliquement sa réussite au jeu avec une réussite dans son vécu, ou qu'on débouchera sur les rôles du *play* à l'intérieur de *games*).

Puisque le hasard est un '*peut-être*', il faut bien entendu savoir, et dissiper les ambiguïtés. Toute la méthodologie dite scientifique est là : une dissipation des incertitudes. La méthodologie de la fameuse recherche de panne (la méthode de Descartes, ni plus ni moins), consiste à éliminer les causes des incertitudes, en testant les composants. Là où Descartes préconise de tout démonter pour tester les éléments, il va de soi qu'on peut aussi avoir, a contrario, une vue synthétique du but à atteindre, et une construction des étapes pour arriver à valider son accès. Il s'agira là de la fameuse méthode labyrinthique, déguisée à la fin en méthode de recette ; quantité de trouvailles fonctionnelles, obtenues par des ingénieurs d'application après les découvertes d'ingénieurs en recherche fondamentale (et qui parfois ne savent pas ce qu'ils cherchent) ont été de telles résultantes...

### Les deux cheminements initiaux : la recette planifiée et l'investigation au petit bonheur

Pour bien comprendre ce qu'est la méthode labyrinthique, opposée à la méthode de recette, il faut rappeler que la recette suit un processus établi, alors que la méthode labyrinthique est une promenade au hasard dans une masse de données possibles. En fait, quantité de découvertes en Chimie, dans les premiers âges de celle-ci, quand elle se nommait Alchimie, furent le résultat non pas tant de tâtonnements que de purs hasards : chercher un solvant et trouver une colle, par un exemple déjà cité plus haut. La très lente progression de l'amélioration de l'acier serait aussi une illustration de la succession de découvertes empiriques. La méthode labyrinthique doit bien sûr noter les étapes de ses errances, puis à la fin proposer une recette fixe. On dispose alors non pas tant d'une méthode que d'un plan de route. Les techniciens font alors *mine* d'oublier toutes les erreurs, les tests laborieux, en produisant et exhibant ce plan, cette "bonne méthode".

La "Science" procède aussi par bonds, par soubresauts. La Renaissance est un de ces moments fertiles, par divers facteurs, dont le fait que la circulation des livres augmenta énormément. Ceux-ci restaient très onéreux, mais leur accès était plus aisé (les grands personnages aimaient entretenir des *sçavants* capables, et leurs facilitaient l'accès à des données, en les protégeant et en créant des bibliothèques). Un des premiers effets fut d'enfin pouvoir critiquer Aristote ou Ptolémée. On se focalise toujours sur cette histoire d'héliocentrisme, sans se rendre compte de l'énorme importance d'avoir conçu que les orbites des planètes étaient elliptiques et non pas courbes. Les auteurs ayant étudié les trajectoires (dont Galilée) avaient fini par remarquer qu'un projectile retombait en suivant une courbe, en fait un quart d'ellipse. C'est à cause de cette constatation qu'on entend encore dire que les orbites des planètes sont elliptiques parce qu'elles tombent ! Non seulement les découvreurs partiels de cette vérité furent des obscurs (les Grands Noms de la Renaissance, tel Galilée, ne se privaient pas, parfois, de se confisquer des antériorités) mais le jargon même en est resté obscur !

Galilée était en fait fabricant de hausses pour les canons, et il en tira, non seulement de substantiels revenus, mais la première constatation (personne ne l'avait dit) que l'angle idéal d'inclinaison d'un canon pour envoyer le plus loin possible un projectile est de 45°. A vrai dire, on peut aussi le constater avec un simple jet d'eau sortant d'un tuyau d'arrosage : mais dire qu'ici l'expérience précède l'hypothèse, ça n'irait pas dans le bon sens...

Le "Procès de Galilée" ? C'est l'histoire d'un storytelling majestueux, le protecteur de toujours de Galilée étant devenu Pape... Avec Galilée prétendument *sacrifié* (il y a tout lieu de croire qu'il collabora à toutes les étapes de sa théâtrale victimisation) sur l'autel des théories de Kepler et Copernic, l'Église voulait simplement démontrer qu'elle conservait son Pouvoir. Galilée, à peu près aveugle suite à ses observations des taches du soleil, fut assigné à résidence dans son Palais d'Arcetri... On a vu des victimes de l'Église traitées avec moins d'égards...

---

*La "Science" procède aussi par bonds, par soubresauts.*

---

Recevoir la preuve ? Mais à partir seulement d'hypothèses reçues, établies comme des sortes, non de théorèmes, mais de problèmes identifiés. Autrement dit, la réception de la preuve n'est possible que si elle colle, dans d'étroites limites, à ce qu'on attendait !

La science n'est alors plus une collection de recettes techniques, elle devient une parole autorisée, un Évangile qui s'écrit progressivement, à la gloire de... – on ne sait plus à la gloire de qui ! –... en tous cas, c'est sûr, à la gloire d'une révélation !

Par exemple, la Saga de l'enquête sur la constitution de l'atome, au XX$^e$ siècle, fut extraordinairement médiatisée. Les congrès internationaux réunissaient les tenants de diverses écoles, de divers centres de recherches, et le Progrès promettait des révélations, des solutions, des abondances, à l'aune de la progression technique des machines à vapeur (uniquement due, quant à cet exemple, par des améliorations dans la résistance des chaudières, et quelques trucs simples au sujets des pistons).

Ainsi, l'idée qu'il y aurait une méthode de la bonne méthode progressa lentement. Cette idée culmina par la formulation de la théorie de la démarche expérimentale par Claude Bernard. Elle n'a jamais été une démarche réelle, suivie et appliquée, en aucun cas, sur le terrain et dans les laboratoires. On sait qu'elle consisterait dans les étapes :
• Observation (qui peut être parcellaire, orientée, fautive, puisque rien n'est testé).
• Hypothèse (qui préjuge en elle-même fortement de la réponse possible).
• Expérience (menée avec les instruments qu'on suppose les plus adéquats, selon un "protocole" qui requiert en lui-même toute une méthode).
• Résultat (bien heureux celui qui sait quand il arrive, et assez pour dire ce qu'il veut dire, ce résultat).
• Interprétation (ne pas oublier le sens du mot téléologie, ou "*trouver ce qu'on cherchait*").
• Conclusion (au mieux, un collage, au pire, un abus).

Le temps est loin où l'Alchimie faisait des hypothèses pourtant dérivées de constats empiriques, et où elle communiquait ses résultats pour ceux *capables de comprendre*. Laboratoire à l'Institut de Biochimie, Université de Cologne, en 2002. Photo Magnus Manske, Creative Commons, domaine public.

Tout ceci est bien joli, sur le papier, mais dans les faits, il faut le répéter, il s'agit de recommencer l'opération encore et encore, pour être sûr que, dans un grand nombre de cas, l'issue de l'opération resterait similaire à ce qu'on aurait voulu obtenir. La petite ligne de remarque posée en face de chaque étape est d'ailleurs bien faible, comparée à toutes les critiques que cette méthode dite idéale suscita ensuite. Elle est, il faut le redire, une construction ex-nihilo prétendant rendre compte de ce qui pourrait se passer avec un "problème lui aussi

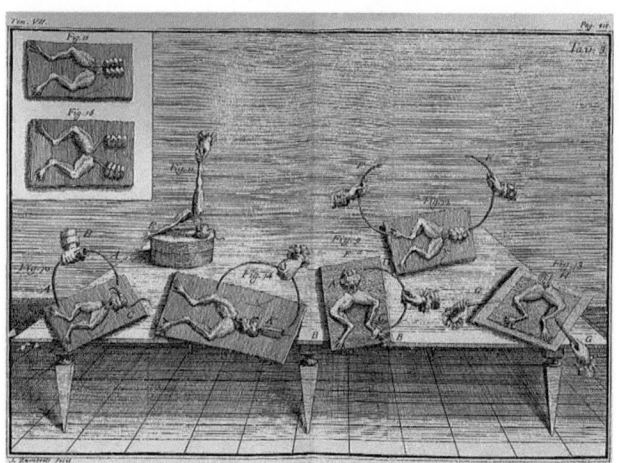

"Essais sur l'arc métallique" (Galvani, *De viribus electricitatis... in motu musculari commentarius* de 1791, Planche III). Ou comment faire bouger des grenouilles mortes... Illustration du domaine public.

idéal". Dans la réalité, des étapes sont sautées, des expériences sont mélangées, des conclusions extraites parfois avant même l'expérience...

Les début de l'électricité, par exemple, furent assez fantastique. Un individu, Luigi Galvani (1737-1798), ayant entendu parler du baquet de Mesmer, une attraction parisienne administrée par un professeur-inventeur-entrepreneur, comprit qu'il s'agissait des mêmes chocs que ce que produisait la bouteille de Leyde (inventée depuis 1745 : tous les orfèvres savaient en outre que divers métaux mis en présence pouvaient provoquer des chocs et réactions étranges). Luigi remarqua sans doute que, dans le baquet de Mesmer, il y avait des tiges de zinc, du carbone, du fer, de l'électrolyte. Mettant des métaux en réaction, il s'employa à faire bouger les muscles de grenouilles mortes, ce qui l'aurait conduit au bûcher 100 ans auparavant. Il fut satisfait d'avoir démontré que Mesmer avait raison et que le fluide électrique était la clé des mouvements du corps.

Alessandro Volta (1745-1827) testa ensuite les meilleurs rapports électriques de couples de métaux reconnus par Galvani, et obtint un vrai succès en soutenant que l'électricité était d'origine métallique, et non animale : le *volt* est nommé ainsi en l'honneur de son nom, et le *galva* n'existe pas.

Quel rapport avec ce qu'il fallait démontrer, au moins dans cet article ? Eh bien Galvani n'a été reçu que parce qu'il y eut Volta. Galvani publia les résultats de 10 ans de recherches avec les métaux en 1791, et il ne fallut que 10 ans pour que Volta *s'affranchisse de ses opinions* (diverge) avec son maître à penser, pour lui manquer de respect et le piller.

En 1809, Humphry Davy (1778-1829) obtint le premier arc électrique lumineux, avec plus de 800 piles de Volta réunies. Grâce à l'électrochimie, il put en outre isoler le calcium, le magnésium, le potassium et le sodium, et c'est son assistant, Faraday, qui laissa son nom au *farad*.

Et ne (re)parlons pas de Mesmer... toujours traité de charlatan. Ainsi, non seulement certains sont reçus, mais d'autres sont vilipendés. Ce phénomène est assez reconnu(3), et demeure une réelle affection scientifique (mais en fait sociologique) complètement indépendante de quelque démarche, ou méthode, ou sereine réception de preuves.

Ce constat posant problème, il ne reste plus qu'à lancer un vivant "Pourquoi" ? A quelle étape de la méthode scientifique hypothético-déductive le phénomène de non-réception intervient-il ? Le voici observé, et il faut écarter l'Hypothèse de la malignité, du nihilisme, et autres réactions qui ne sont que décharges psychiques, assorties de vaines plaintes.

Il semble que la production dans le milieu scientifique d'un élément inadapté ressemble à l'introduction d'un corps étranger dans un appareil d'analyse. Serait-ce alors au moment d'une Expérience, qu'on pourrait taxer d'impropre, que la non-réception créerait les conditions de rejet ? Non, l'Expérience peut avoir lieu, et c'est bien le Résultat qui sera rejeté ? Non plus, car le Résultat étant valide, il est actif, non passif, et c'est à l'étape suivante, l'Interprétation, qu'il pourrait y avoir changement, rejet ? Pas du tout, l'Interprétation reste là... et c'est bien ce qu'elle donne(rait)... qui est ensuite rejeté.

Ensuite ? Eh bien oui. C'est à la fin de l'histoire, à la fin de la méthode bien appliquée, tout étant montré et amené, que vient la non réception.

Il faut être ici obligé de constater qu'il manque à la méthode scientifique hypothético-déductive une dernière étape, qui n'est pas tant, qui n'est plus, ni l'Interprétation, ni la Conclusion, mais, au-delà, ce qu'il faudra nommer la Notation.

Notation ? Celle-ci est la prise en note, l'inscription, la validation. Elle est une affaire de notaire, donc de scribe. C'est une affaire de Réception par l'Inscription.

Et nous sommes alors face à l'horreur de ce que l'on nomme les "complexités administratives", où on le sait, le principe de précaution est une règle surnaturelle, interdisant le moindre manque de garantie. Comment ? Réduire la méthode scientifique à une affaire de rond-de-cuir ?

Eh bien oui. De nos jours, il faut, après une découverte, une "Publication". Celle-ci vaut notation, inscription, et, en somme, réception. Ça, Claude Bernard ne l'avait pas prévu, donc listé.

---

*dans un grand nombre de cas, l'issue de l'opération resterait similaire à ce qu'on aurait voulu obtenir.*

---

Le passage par les rouages administratifs de la Science donne l'occasion de toutes sortes de jeux et d'influences. Dans les siècles passés, faveurs et défaveurs ne conditionnaient que l'octroi de budgets (ou, plus tôt, la protection ou non contre l'inquisition) ; de nos jours la reconnaissance et l'acceptation de la personne même du chercheur interviennent dans la Méthode scientifique hypothético- déductive ! Faveurs et défaveurs continuent donc de conditionner la recherche. Il faut ici préciser : la question de la Réception par l'inscription-notation, qui est question de ce *qu'on veut* laisser trouver, a toujours été de tous les âges.

La Réception par l'Inscription administrative scientifique, la prise en note ou Notation, est donc la dernière étape de la Méthode dite scientifique.

**Charles Imbert**

1 - Claude Bernard, *Principes de médecine expérimentale*, Émile Martinet éditeur, Paris, 1867

2 - Gunther Sachs, *Le Dossier Astrologie*, Michel Lafon, Paris, 2000.

3 - Pierre Lance, *Savant Maudits, chercheurs exclus*, Guy Trédaniel, Paris, 2003.

# LES ANTI-MÉTHODES

## Un voyage dans la pensée coudée

### Michel Barster - Auteur de Science-Fiction

Qu'en est-il des fausses méthodologies ? Ou même des anti-méthodologies, qui réduisent la logique du sens à des impasses, des impropriétés, des absurdités ?

Car il y a des façons de penser de travers, et des manières de faire penser – donc agir – de travers… Parler d'anti-méthodologie semble de prime abord un peu abusif, puisqu'il ne s'agit que de biaiser, dévier la pensée. Cependant, si on confond, comme le fait Descartes « Méthode et bonne pensée », toute pensée déviante sera une anti-méthode de la pensée du Vrai, du Bon et du Beau.

Il n'est pas non plus question de s'abuser en soutenant que cet article toucherait à un point crucial, souhaitant que d'autres veuillent développer… Tous les autres contributeurs ont foncé tête baissée dans le respect de la méthode, de ses variantes, respects pour obtenir des résultats… Reste donc à parler des variantes viciées, non respectueuses, suivies pour obtenir, elles aussi, des résultats. Et ces méthodes biaisées, ces anti-méthodes, tout de même, elles ont déjà été repérées. Aussi, quels sont leurs points communs, leurs champs d'action ?

Le problème est corrélatif du mensonge, et a donc intéressé l'humanité depuis ses origines. On se ment à soi-même pour être dupe et rester en confort dans l'erreur, ou on ment aux autres pour leur faire partager un accord, si possible en respectant les formes de la logique (on se dit alors que le mensonge semble parfait, puisque il peut être adopté, grandi, voler de ses propres ailes et se reproduire). Il y a donc eu des méthodologies du mensonge, de la persuasion, et des usages de celles-ci.

De nos jours, ces méthodes sont répertoriées, croit-on (!), au registre du mentalisme, cette science voisine de la prestidigitation, qui s'apparenterait aux illusions d'optique, aux erreurs de *bonne foi* : en somme, on serait abusés par les diaboliques mentalistes, sorciers détenant non seulement les clés de la manipulation, mais aussi de ses effets induits.

Faire croire à autrui autre chose que la vérité, ce serait en effet le grand ressort de la manipulation mentale. Platon en parle déjà avec son *Mythe de la Caverne*, bien en retard sur Anaximandre qui disait déjà, 200 ans avant lui : « Le Peuple sait qu'on lui ment. »

Ainsi, Platon et sa Caverne ne font qu'en rajouter une couche : l'État (il Stato de Machiavel – la Nation – tout autant que nos états personnels) de mensonge est quasi naturel ou consubstantiel à la

Civilisation (puisque le Mythe et le Mot viennent de la même racine, *muthos*), et la seule manière de s'en extirper, de sortir de la Caverne, est d'atteindre un état de pensée supérieure. Cet état de pensée n'est pas le doute, mais l'habitude de la contemplation des Vérités naturelles (déjà prônée par Pythagore, fondateur de la philo-sophie, d'où le nom de celle-ci, opération contemplative, à la base ou l'origine).

Je n'aborderai pas ici la méthodologie pour devenir philosophe, puisque on sait bien qu'en dehors d'un humanisme dont on peut semer les graines à la puberté de l'individu, ce qui ressort de la physique du vrai est proprement – et tout entier – du ressort d'un Enseignement Supérieur (le seul peut-être qui puisse exister). Non, il me faudra ici parler des opinions communément répandues sur les fausses méthodologies et les méthodes pour penser le faux.

---

*Plus la détermination est grande, plus le contradicteur sera acharné, parfois aveugle, résistant...*

---

Manipulation et mentalisme excitent bien entendu une paranoïa diffuse, une insécurité latente (puisque l'homme moderne se pensait informé par une presse indépendante et élevé par un État dont ce serait le but de perpétuer une Éducation Nationale). Puisque ce désespoir est suffisant, on préférera tourner sa colère vers les complotistes, ces malades à la pensée déviée qui doutent de tout, et voudraient réviser n'importe quoi. On voudrait aussi nous faire croire que les diffuseurs de fake news et de canulars sont de grands coupables, et que les thruthers, whistle blowers et autres divulgueurs sont de modernes héros...

Mais là, je vous ai déjà parlé de ce volet dans mon article sur le Gouvernement par le Mensonge (dans le n°3 consacré à une Réalité... dite flux tuante par certains). Je crois en avoir alors déjà assez dit. Le but des grands menteurs n'est pas de parfaire leurs mensonges, de nos jours, rappelons-le, mais de décourager les tentatives de lutter contre leurs formes. Ainsi, peu importe de mettre des rustines aux ballons qu'ils lancent, pourvu que ceux-ci puissent voler.

Et puis, vivre dans quels mensonges ? Ceux des "médias autorisés" ? Mais qui va se définir de nos jours par rapport à ces données internationalisées ? Il n'existe plus de Grandes Paroles fédératives, de maîtres à penser eux-aussi internationaux, ni de contre-pouvoirs crédibles, indépendants et résistants aux corruptions possibles.

Aussi bien, ce n'est pas de vivre dans ce monde-là qui est problématique, un monde social dont les décisions politiques deviennent orientées par le succès des storytellings : en fait, il en a toujours été ainsi, et Platon le rappelait.

Et puis on ne peut pas tout réduire au mensonge, qu'il soit visible, habile, insidieux, déguisé, en méthode ou non. La fameuse "manipulation", elle-même, devient incertaine à certains degrés, et ces degrés sont ceux de l'adhésion et de la surenchère de la victime (une fois de plus, Platon le rappelait). Le règne du Vrai, du Beau et du Bon existe, le philosophe le contemple, ou bien la contemplation elle-même créera ce monde divin. Nous nous devons juste d'évoquer les modalités du fourvoiement des pensées de travers, qui sont parfois aussi (pensent du moins leurs auteurs) des pensées de raccourcis, ce pourquoi on les suscite.

Il existe donc un monde de la pensée collective faussée ou falsifiable, et il existe un monde de la pensée individuelle qui peut défaillir ou se fourvoyer. C'est sur cette première base – ou conclusion – que j'articulerai la suite de mon article.

Remarquez bien, aussi, que "On" proposera aux personnes qu'on a persuadées d'avoir l'esprit faible de se réunir dans des pensées fédératives, des meutes et des foules, pour partager des Vérités indubitables, et qu'on proposera aux esprits forts, vite décelés pendant leur scolarité, des exercices vains (maths, compétitions sans enjeux) et des mémorisations de faits abscons pour qu'ils finissent par se croire limités et impuissants.

Donc, la pensée collective faussée sera du ressort :
**a**) de la Rhétorique,
**b**) de l'Avocat,
**c**) de la Diplomatie.

La pensée individuelle faussée rendra des comptes à :
**d**) l'Erreur,
**e**) l'Amalgame,
**f**) au Paradoxe.
(Il ne sera pas ici question de la pensée faussée par pathologie – il en sera dit deux mots dans le volet "la condamnation" à la fin de cet article –).

Cet agencement de la pensée déviante est donc déjà fort complexe, et on en trouve la trace

Anaximandre, le penseur de l'Apeiron (l'apéro est sans limites, temporelles ou spatiale), un contemporain de Thalès et Pythagore. Comment penser au milieu des duplicités ? Mosaïque retrouvée à Trèves, Johannisstraße, datant du début des années 200 de notre ère, avec le philosophe Pre-Socratique Anaximandre de Milet tenant un cadran solaire. Creative Commons, public domain.

dans l'Histoire humaine, par des luttes contre les macros-mensonges et micro-mensonges... Notez bien qu'ici, il n'est pas encore question de la Condamnation qui, dans le monde futur, risque, par l'effet du totalitarisme – ou du fait de l'extension aveugle du Pouvoir par son outil bureaucratique – de devenir réllement effective, pesant pénalement sur les fakes news non autorisées. Faisons donc le tour de notre petit inventaire...

D'abord avec la pensée collective faussée, et les rôles de ses manipulateurs...

**a) Le Rhéteur...** Il est curieux de constater qu'en même temps qu'émerge la figure du Philosophe, le super penseur, se révèle la figure du Sophiste, le super manipulateur. La chose se passe en Grèce, probablement au moment où l'écriture devenant support fixe de la pensée, la parole devient fluctuante.

Anaximandre, cité plus haut, était contemporain de Pythagore. Ce dernier exhortait déjà – avant Platon – les philosophes à s'extraire des pensées communes pour contempler les idées basées sur des principes.

De Cesare Maccari (1840–1919), "Cicéron dénonce Catilina". Cette toile de 1889 dénonce une conjuration et une conspiration, à une époque (fin du XIX$^e$ siècle) où, bien sûr, il n'y en avait plus du tout, c'est juré. Collection du Palazzo Madama, Rome. Creative Commons, public domain.

Lorsque deux cents ans après lui, Platon parlera des Sophistes, tout le monde saura de qui il s'agit, Platon faisant référence non pas à des nouveautés, mais à des figures habiles, dirigeant des écoles de Rhétorique. En effet, le discours lui aussi a déjà alors commencé à être examiné dans ses composants, et des embryons de grandes écoles pour orateurs ou politiques existent, ou seront plus tard renommées, comme à Rhodes, où César ira faire ses humanités grecques supérieures.

**b) L'Avocat...** Puisque César (un assez bon écrivain, direct et maniant ses effets) vient d'être cité, il faut remarquer qu'il fut contemporain de Cicéron, le Super Avocat, qui était aussi en même temps un homme politique. Car le légisme conduisant Rome (le respect dû au fameux Droit Romain a survécu, bien que le Droit, ce soit le "vivre ensemble", et que nous ne vivions plus à la romaine), le Magistrat était alors en même temps un maître des arguments, et un conducteur de clique.

---

*...toute pensée déviante sera une anti-méthode de la pensée du Vrai, du Bon et du Beau.*

---

Fort curieusement, le Sophiste, ce pseudo-penseur, capable de faire larmoyer, d'enthousiasmer ou de condamner, va ensuite devenir un Acteur de la Cité, dans tous les sens du terme, et déguisé en

Page fronstispice de l'édition en 1550 du Prince de Niccolo Machiavelli (1469–1527). Ce portrait est intéressant, car il est totalement faux. Pourtant pris comme source, il a donné naissance aux représentations par Santi di Tito (1536-1603) ou même Federico Faruffini (1833-1869). Nous n'avons *pas* de représentation(s) de Machiavel. Creative Commons, public domain.

Magistrat, jouer au faux Prince Eclairé, celui-là que demandait Platon. Charge à lui de s'entourer par mécénat d'Artistes doués, pour faire croire à un règne éclairé et progressiste avant la lettre.

Le Magistrat batteur d'estrade pourra être un vrai Prince, du style de ceux auxquels Machiavel s'adresse, ou bien un homme politique aspirant au principat, soit défendant des classes (Necker) ou jouant au démagogue (genre Mirabeau, pour retenir une figure presque caricaturale). Depuis les Romains, on sait qu'il existe une plèbe d'un côté, et une nomenklatura oligarchique de l'autre. Et, entre les deux, des démagogues, sophistes et forts en pensées déviées (puisque, en plus, il existe des esprits de classe, des pensées de classe, des discours de classe).

Arrivé aux magistratures suprêmes, à la Gouvernance, l'aventurier sera souvent Premier Ministre (de Richelieu à Mazarin, celui-ci si fin qu'il déclencha la Fronde), ou même Ministre des Affaires Etrangères, comme Talleyrand qui, comme Warwick, aurait pu s'appeler "Le faiseur de Rois".

**c) Le Diplomate...** Nous tenons là l'évocation du Grand Jeu International. Non seulement La pensée collective faussée s'orne de diplomates et de Diplomaties, mais les jeux en cause sont ourlés de guerres, d'abominations sans nom, de coups bas réalisés par ces sous-plombiers, parfois assassins, que recèlent les Services Action. Avec cette fin de la diplomatie, il faut refuser de sombrer dans l'évocation des plus basses applications des Grands Jeux et Intoxications majeures, dont le *citoyen lambda* (nous !) ne peut deviner le début de la cause, le but visé, la réelle forme viciée et ne craindra que d'en voir ou subir les effets substantiels. Non, on ne peut rien deviner ni savoir, ce qui rend alors le Café du Commerce (ou le *post* sur réseau social) aussi réjouissant et amusant que l'antre de Platon, agité par les pronostics et avis sur les prochaines projections de marionnettes.

Grande est alors la tentation du repli sur soi. Et c'est précisément soi qui peut, lui non plus, ne pas avoir de pensée droite. Voici à présent qu'il faut examiner les faussetés de la méthode de pensée individuelle.

**d) l'Erreur...** La pensée déviante était pour les Grecs la pensée coudée, ou encore la mesure (intellectuelle) coudée, ce qui se disait *ankulometes* (de *ankulo* pour anguleux – la lettre G remplaçant le K fut inventée par les Romains –, et *metes* par référence aux formes changeante, ce mot étant le radical de mimétisme ou même météo). D'autres euphémismes, comme déficience ou injustice, signalaient l'apparition d'une erreur, mot qui en français tient le même radical que errance, mot qui signifie divagation.

---

*le Magistrat était alors en même temps un maître des arguments, et un conducteur de clique.*

---

Aussi, si pour nous l'erreur est fondamentalement une folie, un délire, pour les Grecs elle était un mauvais calcul, c'est à dire une opération faussée. Voici qui est beaucoup plus technique, et expliquera les jeux de mots ou de concepts non acceptables de l'Amalgame et du Paradoxe.

Il faut ici faire une incise à propos de l'Erreur : le *Discours de la Méthode* de Descartes est en soi une méthode pour éviter l'erreur, et elle repose sur ce qu'on nomme la recherche de panne. Il l'explique bien : il faut démonter un mécanisme, exa-miner chacun de ses rouages (le test le plus simple est de placer une autre pièce valide à la place du rouage

Portrait de Charles-Maurice de Talleyrand-Périgord (1754-1838), gravure d'après François Gérard (1770–1837). Ce diplomate absolu a, en 50 ans de pouvoir :
— Poussé (et co-créé) à l'Expédition d'Égypte,
— Œuvré au 18 Brumaire, faisant Bonaparte 1er Consul,
— Conseillé de faire fusiller le Duc d'Enghien (il avait déjà voté la mort du Roi),
— Restauré Louis XVIII (deux fois, face à l'Europe).
— Mis Louis-Philippe sur son trône (au lieu d'un autre).
— Très fort aidé à la création de la Belgique moderne.
Courtesy of the Perry-Castañeda Library, The University of Texas at Austin. (Portrait Gallery). Domaine public.

pour voir si celui qu'on a démonté était défectueux), puis tout remonter. Ce serait d'une simplicité trop biblique si cette erreur n'indiquait ses sources : soit il manque quelque chose, soit on a confondu quelque chose avec autre chose. Et, curieusement, ce sont là les deux "preuves de la mort" qui sont mises en évidence : soit par le manque, soit parce qu'on la confond avec tout autre chose (une fin, une dissolution, etc.). Curieuse étape que cette méthode dite "philosophique".

**e) Le paradoxe...** On le sait, celui-ci fut une arme dialectique. Le premier degré est ici aussi celui du discours, non plus aux mains de rhéteurs, mais de philosophes... Du moins de certains philosophes éléates (Zénon en particulier). Il réside tout entier dans la confrontation de termes antagonistes posés par un énoncé habile. Le plus simple des paradoxes est celui de l'énoncé « Je mens ». Si c'est vrai, on ne ment pas, si c'est faux, on a dit vrai. Cette mise en évidence de la faillite du concept, ou de la pensée même, était si fascinante qu'elle conditionna tout un pan des réflexions intellectuelles supérieures (dont la théologie) pendant des centaines d'années. A noter que, de nos jours, la déstabilisation de la pensée par le discours et le paradoxe est revenue, sous la forme du *Koan* oriental...

**f) L'amalgame** est beaucoup plus vaste, dans le sens où il est une permission de globaliser en incluant, associant et mariant du positif et du négatif dans des proportions et des intentions malhonnêtes. Il est, à la base une tentative de justification de soi, qui sera opérée en accusant, et pour ce faire en acceptant soi-même de dénier, c'est-à-dire ignorer. C'est une complète démission, opérée à fin de sauver la face. La pensée de travers s'occupe ici de dénier, et nier tout court, dans le but de, coûte que coûte, préserver des valeurs (dont on se demandera alors à quoi elles tiennent, posées sur mensonge)

Bertrand Russell. peinture en 1923 par Roger Fry (1866–1934). Ce logicien est auteur du fameux paradoxe de Russell : « L'ensemble des ensembles n'appartenant pas à eux-mêmes appartient-il à lui-même ? » Il est vulgarisé par la formule : « Un barbier se propose de raser tous les hommes du village qui ne se rasent pas eux-mêmes, et seulement ceux-là. Le barbier doit-il se raser lui-même ? » National Portrait Gallery, London. Domaine Public.

ou, pire, des enjeux. Car qui dit enjeux dit jeux, et tricheries d'autant plus coupables qu'alors elles touchent au vol du dû, ou au dol du vu (et bien vu).

Ainsi, l'anti-méthode, la pensée déviante, suppose t-elle l'intervention d'une malhonnêteté pour être mise en œuvre, soit en soi, soit dans la Société, comme nous venons de le voir.

Mais alors, pourquoi ose t-on mal penser au point d'en faire une construction volontaire et d'assumer celle-ci ? On le fait consciemment parce qu'on veut se poser en contradicteur devant une idée (ou même une théorie, voire une méthode). Cette attitude de contradiction est intéressante en elle-même, mais elle dépend d'une volonté, basée sur une détermination. Plus la détermination est grande, plus le contradicteur sera acharné, parfois aveugle, résistant aux raisons... Mais plutôt que de jeter en gros un concept en avant, analysons aussi les contradicteurs et leur déterminations fondées sur des valeurs (ou des croyances de ce qu'ils sont ou de ce qui va les conditionner).

Comment ? Y aurait-il aussi des contradicteurs accordés aux positions de croyances ? Non pas... Il s'agira juste ici de repérer ce que sont les contradicteurs, sans examiner les contradictions.

Un contradicteur est une personne qui n'est pas d'accord avec un exposé, un contenu, une proposition, une théorie, une question (la liste n'est pas limitative). Sa contradiction peut prendre diverses formes : protestation, négation, opposition, etc et diverses intensités ou modalité (position sourde, véhémence, ironie, lent calcul, etc.). En résumé, le contradicteur s'oppose, et face à un dire, contredit.

Il en existera quatre sortes :
— Le contradicteur par erreur. A la limite, celui-ci ne voulait pas s'opposer. Il a formulé une remarque allant à contre-sens, mais il s'excuse, il rompt, il n'est pas fidèle à son idée, il l'abandonne facilement, désarçonné par le poids de ce qu'il aurait peut-être pu ou voulu dire, mais qu'il ne veut pas soutenir.

Les détecteurs de mensonges sont de nos jours en vente par le commerce électronique, à des prix relativement modiques. Les enfants adorent jouer avec ces appareils, preuve que notre société entre dans une autre dimension de la gestion du mensonge. La fascination et le malaise ressentis face à l'intrusion non amusante de ces appareils est du même ordre émotionnel qui fonde le succès des genres narratifs du polar et de l'espionnage : nous ne voulons pas vivre dans *ce monde là*. Publicité gracieuse.

— Le contradicteur faible. Avec lui, on peut user facilement d'arguments, on le place devant les faits, ou l'évidence patente, et il finit assez vite par reconnaître de bonne foi que sa position est mal fondée.
— Le contradicteur fort. On doit batailler. La présentation des arguments est laborieuse, doit être vérifiée, subir des critiques et contre-feux. Bref, la bataille est rude, mais celui-ci est encore de bonne

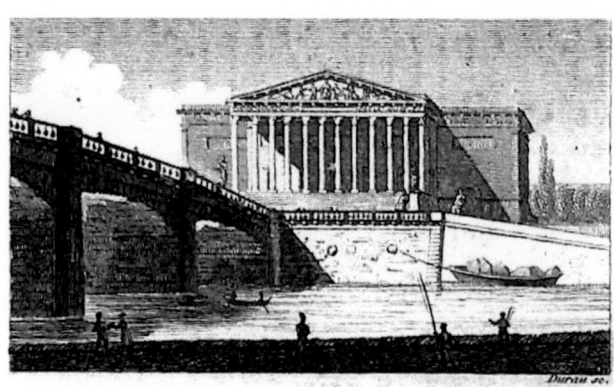

PALACE BOURBON OR OF THE DEPUTIES.

Les débats parlementaires sont préparés en amont par des professionnels, et présentés ou joués par des personnages investis d'une grande légitimité toute théorique, car la sociologie a depuis longtemps établi qu'ils n'étaient pas représentatifs, contrairement aux mythes du XVIIIe siècle. Nous n'avons qu'une façade, derrière c'est creux. Le Palais Bourbon, une image issue du *Galignani's Paris guide: or, Stranger's companion through the French metropolis*. Paris par A. and W. Galignani, 1822. Domaine public.

foi. Il peut chercher à se vexer lorsqu'il plie, compenser sa défaite par des protestations annexes, mais sa contradiction peut être combattue, et il pliera devant l'évidence ou une raison supérieure exposée.

— Le contradicteur de mauvaise foi. Celui-ci ne pliera devant aucun argument. Il considère qu'il doit être fort, animé d'esprit de suite, rester ancré : même si les raisons qu'on lui présente ont l'apparence de la validité, il sait que ses valeurs profondes dépassent l'enjeu de la mince bataille qu'il livre, dans laquelle il est prêt à faire une entorse à l'apparence de son intégrité profonde, car son opposition est "juste", selon un système d'idée fondamental dans lequel il est enfermé et qui garantit la vérité de son identité.

Une "Discussion", une dispute intellectuelle ne doit ainsi être abordée qu'en connaissance du type de contradicteur avec lequel on va débattre. Il y a en effet des risques de tomber sur la quatrième classe de contradicteur, et de perdre son temps. Attention aussi à ceux qui réclament le débat, car ils peuvent s'animer du désir de *faire du débat*, du "*bargain*" et nullement être en quête de véracité.

(Notons que Charles Imbert a présenté ces quatre classes des contradicteurs dans un de ses premiers ouvrages, où il confiait que l'idée de base lui en avait été indiquée par Robert Mazlo).

## Les Condamnations

Puisque toutes ces pensées sont faussées, leurs effets sont bien sûr pervertis, et visent des effets pervers, des résultats malhonnêtes. Si les effets de l'Avocat sont tolérés presque par institution (Le mensonge fait « partie des armes de la défense », quitte à ne pas se faire prendre – on le voit dans n'importe quel divorce –, et le Juge n'a pas à reprendre dessus, sauf en cas de production et d'usage de faux), les effets Rhétoriques sont déjà moins tolérés, parce que glissant de fait à l'établissement de faux dans des registres institutionnels, ce qui les menace : on ne construit pas sur du pourri. Enfin, les exemples de Diplomaties faussées ayant glissé dans des effets catastrophiques emplissent les livres d'histoire.

De même, en ce qui concerne la pensée individuelle faussée, on apprend dès l'école à se défier de l'Erreur (il y existe déjà des méthodes pour "vérifier", soit des calculs, soit des impressions), mais les

Amalgames sont, hélas, d'une utilisation courante, presque utile, pour se "faire des idées" (celles qui sont recommandées !). Quant à l'usage du Paradoxe, il reste très circonscrit à des formes d'humour et de divertissements.

Et enfin, pour le compte de la pensée faussée par pathologie, il est bien entendu qu'elle n'est plus une pensée responsable, mais une pensée conditionnée par des raisons supérieures, ce qui ne l'absout pas de de condamnation...

En effet, avant condamnation, il y a accusation : celui qui formule des pensées pathologiques est impropre au jeu social, telle est l'accusation. Sans être responsable (sauf exception, que nous allons voir dans deux paragraphes), la pensée malade est pourtant coupable.

*Platon et sa Caverne ne font qu'en rajouter une couche : l'Etat de mensonge est quasi naturel ou consubstantiel à la Civilisation*

Le Moyen Âge a classifié pour nous ce dérèglement : c'est celui du fol. A l'époque ancienne, il peut s'agir d'un excentrique, jusqu'à aller jusqu'à l'intempérance du fou furieux, dangereux pour son entourage. Michel Foucault s'est taillé une grande réputation, parmi d'autres auteurs, en relevant que l'enfermement des fous avait aussi été l'époque de la naissance de la police moderne (au XVIIe siècle).

Il faut donc aussi nommer le responsable d'une pensée pathologique devenant un coupable : il s'agit de l'hérétique (et toutes ses variantes, jusqu'au sorcier) et du politique tordu (et toutes ses variantes, jusqu'au terroriste). Il suffit de les avoir cités, puisque ensuite tout le monde « verra très bien de quoi il s'agit. »

**Conclusion**

L'anti-méthode est pernicieuse, car elle ne représente pas tant des pensées déviées que des pensées visant un but, en ayant recours à des artifices frauduleux. En soi, elle est purement technique, et seul son emploi relèvera de la volonté de tromperie, d'artifice et de falsification.

Encore tous ses emplois sont-ils couverts, de nos jours, par divers consensus et acceptations, nous l'avons vu. Autrement dit, nous tolérons avidement ce qui nous fait du mal, parce qu'il s'agit d'institutions se présentant comme des monuments irremplaçables ? Bien sûr, cette tolérance est, elle aussi, charpentée de ce que nous n'avons pas nommé, l'hypocrisie ou pensée sournoise, qui intervient en amont ou aval du débat de l'anti-méthode proprement dite. Cette dernière doit rester, dans ses mises en œuvre, vierge de double-pensée, et mentir de manière uni-directive...

Pourquoi ? parce ce qu'elle aurait à composer et voir avec l'Inconscient, et ici est la dernière clé qui explique l'anti-méthode... Si l'Homme est un être conscient destiné à traduire l'Inconscient collectif (et non pas son inconscient personnel, cette minuscule croûte) à la face du monde, alors on conçoit, on admet (ou disons qu'on comprend mieux) sa permissivité devant les voies d'expression de ce même Inconscient à travers les anti-méthodes.

**Michel Barster**

# LA DÉMARCHE DU TAROT
## Le Tarot comme méthode d'organisation des couches de la connaissance et de l'Espace-Temps
### Yohan Lamant - Tarologue

Eliphas Lévi écrira à propos du tarot :
« C'est un ouvrage monumental et singulier, simple et fort comme les pyramides, durable par conséquent comme elles, livre qui résume toutes les sciences et dont les combinaisons infinies peuvent résoudre tous les problèmes ; livre qui parle en faisant penser ; inspirateur et régulateur de toutes les conceptions possibles : les chefs-d'œuvre peut-être de l'esprit humain et à coup sûr une des plus belles choses que nous ait laissées l'Antiquité ; clavicule universelle, véritable machine philosophique qui empêche l'esprit de s'égarer, tout en lui laissant son initiative et sa liberté ; ce sont les mathématiques appliquées à l'absolu, c'est l'alliance du positif à l'idéal, c'est une loterie de pensées toutes rigoureusement juste comme les nombres, c'est enfin peut-être ce que le génie humain a jamais conçu tout à la fois de plus simple et de plus grand »

Le Tarot au cours de son Histoire n'a pas toujours été un jeu de Cartes. Des œuvres monumentales de Taremi / Egypte, au Tablettes de Babylone / Sumer en passant par les 24 images rouges « Hong Hua » de la Chine, jusqu'aux Horloges Astronomiques de l'Europe et l'Almanach, les Tarots ou Rota ( Les Roues) ont su se fondre dans les différentes traditions et enregistrer leurs contenus.

*Les arcanes sont un peu une sorte de « boîte noire » qui a enregistré au cours des âges, tous les contenus des différentes traditions dispersées sur la planète et il a projeté l' Homme également jusqu'aux étoiles.*

Ce que nous avons entre les mains, les 24+56 Arcanes du Tarot sous la forme d'un jeu de cartes à jouer, est sa dernière mue, sa dernière forme dont nous venons de retrouver les yeux. C'est-à-dire les deux derniers arcanes qui s'étaient perdus sur la grande roue du Temps.

Le Tarot, c'est un grand résumé de tous les secrets de la Tradition Primordiale, la Gnose et de ses rayons : c'est-à-dire de toutes les traditions qui ont émané de celle-ci. Mais c'est aussi un formidable outil d'enseignement à la fois pour connaître l' Histoire ainsi que les Sciences ésotériques telles que l' Alchimie, les mathématiques et la géométrie sacrée.

**Le Tarot en quelques mots simples pour nos lecteurs qui découvrent ce support :**

Le Tarot est un jeu et malheureusement beaucoup de professionnels dans le domaine de la cartomancie ou même plus généralement de l'hermétisme semblent l'avoir oublier. C'est un jeu de cartes avec lequel tout le monde peut jouer en assimilant les règles en quelques minutes. Mais comme pour tous les jeux, il faudra peut-être du temps et surtout beaucoup de joie et d'amour pour en "capter" toutes les subtilités.

La joie et l'amour sont les deux pôles essentiels de toute activité basée sur le jeu et j'aime à penser que si la Vie est un jeu, elle nécessite beaucoup de joie et beaucoup d'amour. Le Tarot a cette double exigence et il nous enseigne à jouer avec ses propres mots mais aussi les nôtres qui sont des images parfois un peu étranges, avec des coloris parfois lumineux ou obscurs. Des images parfois graves parfois légères : Le Tarot c'est la vie sous la forme d'une journée en 24 images comme un film en 24 images par seconde que l'on va pouvoir déplier, ralentir et explorer.

Le Tarot est un jeu de piste, un peu comme le jeu de l'Oie pour celles et ceux qui y ont déjà joué. Sur la première "case" du plateau, du terrain de ce jeu, le joueur est maintenu dans l'étonnement : Il ne sait pas qui il est vraiment. Il a cette intuition vague, parfois un peu plus précise qu'il joue en fait à "cache-cache" avec lui-même.

Puis de case en case, d'arcane en arcane, cette intuition se précise plus encore pour atteindre une profondeur qui lui fait retrouver la mémoire d'un chemin. Ce chemin qui le mènera à la fois vers et chez lui.

Le Tarot c'est enfin les rayons d'un soleil sous la forme d'une Lumière qui lorsqu'elle nous traverse prend la forme d'un arc-en-ciel en 24 couleurs qui représentent les 24 étapes de notre propre révolution intérieure comme la terre fait sa révolution sur elle-même en 24 heures.

Chaque heure, chaque arcane, chaque porte est une partie de nous-même et comme dans le mythe des parties du corps de la divinité Osiris reconstituées par sa femme (donc par amour) Isis, nous allons tout au long de notre cheminement prendre la place de cette femme et reconstituer partie par partie le divin qui est éparpillé en nous.

Le Tarot est plus qu'un outil de divination, c'est le chemin qui à la fin des 24 heures du jour nous fait entrer dans sa Divine Nation toujours habitée par la joie et par l'amour.

**Un système symbolique
et réglé comme une horloge.**

Comme notre titre l'indique, le Tarot est un système qui est composé de symboles qui comme un puzzle s'articulent en différents éléments logiques qui s'emboîtent les uns dans les autres et les uns à la suite des autres.

C'est un système qui comporte à la fois une classification numérique, chaque arcane possédant un numéro. Et une classification linguistique, chaque arcane possédant un nom : même celui que nous appelons l'Arcane sans Nom, l'Arcane XIII, en possède un, et nous expliquerons d'ailleurs pourquoi, dans un autre livret plus axé sur la description des Arcanes Majeurs. L'Arcane 0 est lui hors système, il n'a ni numéro ni nom : il Est.

Toute organisation numérique comporte une notion de temps, comme il me faudra du temps pour compter jusqu'à 10. C'est un point qui est semble-t-il facile à comprendre. Il existe de nombreux systèmes numériques comme les montres basées sur une logique en 60 secondes, 60 minutes et 12 ou 24 heures. Comme notre Tarot est basé sur 24 Arcanes Majeurs, 16 Arcanes Médians et 40 Arcanes Numériques. Jusqu'à présent tout ceci est très logique comme le fait que, comme pour lire l'heure, nous avons besoin d'un système linguistique, de mots : « Il est 2 heures du matin, il est 14 heures cette après-midi. »

Les deux systèmes c'est-à-dire alphabétique et numérique, sont réunis également dans ce que nous appelons communément l'ordre alphabétique qui est une sorte de moyen mnémotechnique, une façon de retenir toutes les lettres d'un langage dans une logique de cohérence pour que cela soit simple à être retenu et à étudier. Et bien, dans notre Tarot, c'est la même chose :

Il s'agit d'un alphabet symbolique qui nous décrit la cohérence d'un langage tout en y glissant de façon logique la notion de temps : il me faudra du temps pour énumérer les 24 Arcanes Majeurs. Jusqu'à présent, rien de compliqué à comprendre. Mais il s'agit là pour notre démonstration d'un point essentiel par lequel il faut commencer, avant même d'évoquer la description et le sens des cartes.

Je ne vais pas revenir sur « l'erreur » qui a fait que les occultistes du 18$^{ème}$ siècle ont pris le Tarot, qui n'avait pas encore retrouvé ses deux derniers Arcanes majeurs, pour une référence à l'Alphabet Hébreu. Mais il se trouve que le Tarot est bien basé non pas sur un alphabet mais deux : c'est deux alphabets sont le pseudo-alphabet hiéroglyphique égyptien et l'Alphabet grec qui sont tous les deux des alphabets qui comportent 24 lettres.

Et ce que je vous propose est de partir sur notre piste alphabétique et de l'appliquer au terme de « TA-ROT ». Et peut-être que, par cette méthode, nous allons trouver ensemble un début de piste intéressant en ce qui concerne cette notion de repère dans le Temps et dans l'espace que dépeint notre alphabet « Taro-logique ».

Les origines égyptiennes du support du Tarot font qu'il n'a pas forcement conservé sa forme ni ses symboles originels mais sa LOGIQUE linguistique. C'est-à-dire son goût plus que prononcé pour l'usage du rébus, du jeu de mots, qui s'exprime dans l'articulation des symboles par une polyphonie de sens dans un même ensemble de mots ou de symboles :

Du sens le plus évident à de subtiles métaphores filées. Les Anciens comme les Grecs ou les Égyptiens étaient des génies du langage à travers le symbole et donc à travers leurs alphabets eux-mêmes.

### TA-ROT

• Approche par l'Alphabet grec.

Par un rapport évident à la phonétique nous pouvons rapprocher le mot Tarot des deux lettres alphabétiques grecques Tau et Roh (19ÈME et 17ÈME lettres). Et cela nous renvoie tout de suite, toujours par la phonétique, au mot « Taureau » qui, pour la culture grecque et à la fois égyptienne, a une valeur hautement symbolique.

Du taureau blanc que l'on sacrifiait aux dieux, au Minotaure gardien du labyrinthe, le taureau est partout dans l'Antiquité grecque…
D'ailleurs le Tarot ne serait-il pas le Taureau qui garde un labyrinthe, celui que le Héros devra traverser grâce au fil d'Ariane de la Tradition ?

C'est déjà je pense pour nos étudiants une très bonne piste, une très bonne question.

• Approche numérologique.

L'approche numérologique très simple, que nous glisserons avant l'approche par l'alphabet hiéroglyphique égyptien, repose sur la numérologie des Arcanes Majeurs.

Dans les deux alphabets (égyptien et grec) il s'agit de la 19ème et de la 17ème lettre qui, si on les transpose aux arcanes, nous donnent : le Soleil et l'Etoile. Le Tarot par sa numérologie est donc Le Soleil, l'Etoile ou l'Étoile du Soleil. L'Étoile cachée derrière le Soleil. Ce sens va nous aider dans l'approche du terme TAROT par le pseudo-alphabet hiéroglyphique.

• Approche Egyptienne
**TEB** (gâteau) **ALIF** (Aigle) **R** (Bouche) **OMEH** (sac)

Déjà, nous pouvons voir que cela se complique un peu, mais avec un peu de culture égyptienne et un peu d'expérience dans la lecture symbolique des hiéroglyphes, tout devient très clair :

• **Teb** : Le Gâteau c'est aussi le « benben » le gâteau au levain qui grandit sous l'effet du four, de la chaleur. C'est également l'image du soleil qui se lève.

• **Alif** ou l'Aigle c'est à la fois dans notre ensemble une référence au Soleil, à Horus, à celui qui voit derrière le soleil et qui est capable de capter la Lumière qui n'est autre que le Verbe Divin. Ce glyphe est, au cours des dynasties, souvent subtilisé par la feuille de roseau qui est l'image du démiurge né de la première bute qui s'est élevée des eaux primordiale du Noun. Ce qui fera le lien avec TEB ( gâteau ou soleil qui se lève) c'est la vision de la naissance du Verbe, Lumière créatrice.

• **R(â)** : La Bouche c'est aussi le Soleil ou plus particulièrement Dieu qui est derrière le Soleil et non le Soleil lui-même, qui lui est un astre, une étoile : Comme nous l'avons vu dans notre approche numérologique.

Si bien que le terme de Tarot lui-même dans sa dimension du nombre nous invite à le dépasser, à aller voir derrière le Tarot lui-même. C'est-à-dire à regarder, à trouver le verbe Amon-Râ, celui qui est caché. La Bouche c'est aussi l'ouverture, la porte et d'ailleurs le Tarot, nous le verrons dans les autres cours et les autres conférences, est une transcription du *Livre des Portes des Anciens Égyptiens*.

C'est aussi le sac ( le corps) qui reçoit la Vie par le Verbe Créateur dans un rituel très important nommé « le rituel de l'ouverture de la bouche » ce qui nous amène tout naturellement au glyphe suivant :

• **OMEH** : le Sac : celui qui reçoit et qui contient la Lumière, le Gâteau qui a monté, le verbe qui a grandi. Quatorzième Lettre de l'Alphabet, il nous renvoie à l'Arcane de la Tempérance. Et donc à son sens d'équilibre entre les énergies et à la magie de la régénération par les fluides qui circulent de vase à vase, de sac à sac, de bouche à bouche.

Cette approche est un peu plus difficile à saisir surtout pour celui ou celle qui n'est pas habitué à jouer avec la langue magnifique des Anciens Égyptiens. Il faut être véritablement initié à ses mystères pour en saisir toutes les subtilités qui parfois (ou même souvent) nous saisissent par leur beauté et leur grandeur.

Grâce à cette approche poétique, grandiose et lumineuse nous pouvons saisir que l'essence même du TAROT est contenue dans le Mot lui-même de Tarot avant même que nous ayons ouvert le Grand Livre des Arcanes.

Pour relier les deux approches alphabétiques que nous venons de réaliser, un peu comme des « aventuriers de l' Arche perdue » nous reprendrons le mythe de la Vache Céleste de la culture de la Haute Egypte.

Nout, déesse du ciel, prend l'apparence d'une vache qui doit transporter le soleil entre ses cornes ; c'est la coiffe de la déesse Hator, épouse d' Horus, représentant des cornes enserrant un disque solaire, un sac ; **OMEH**, qui reçoit la Lumière, le Verbe, la beauté.

C'est cette *course de la Lumière*, de la Connaissance dans le sac de notre cœur, tout au long des 24 heures du Jour, qui fera monter en nous le Gâteau, le Soleil du Verbe, que tente de nous faire réaliser le Tarot.

Ta(u)-R(h)o : Tau – Rho et Ro-Ta ( 20 - 4 : 4 - 20 )

Ces deux lettres prenant un ordre qui semble suivre un ordre inversé : dans le Tarot, l'Arcane 17 normalement vient avant le 18 et le 19 : comme l'Étoile du matin, l'Arcane dix-sept se lève avant la lune et le soleil. Inversons alors, au plutôt remettons à l'endroit ces deux lettres. Nous découvrons alors : La Roue ou les Roues.

Les « Rotas » les Roues, Rosaces du Tarot.

**La structure de l' Espace-Temps.
Les pyramides, l'horloge et le Tarot.**

**Arcanes Majeurs: 24**
**Arcanes Médians: 16**
**Arcanes Numériques: 40**
Soit un total de 80 Arcanes.

20 - 4 / 4 - 20 c'est un miroir du Temps universel que présentent entre autres les " Pyramides" et non des tombeaux.

Les versions plus récentes sous forme de machines à mécanisme d'horlogerie sont les Horloges astronomiques : trésors des anciens bâtisseurs comme le sont les cathédrales (qui sont aussi des sortes de pyramides)

Les égyptologues aux nombreuses heures d'études et de travaux doivent aimablement accepter que l' archéologie ne puisse comprendre cette architecture si elle n'a pas maîtrisé les lois de l'espace-temps, et surtout si elle ne parle pas les mathématiques et la géométrie sacrée.

Une chose encore :

Les pyramides sont ce qu'a vu Ezekias ou Ezekiel dans la Bible ; étant donné qu'il fut un des derniers Rois de l' Égypte.

**Eze 1:16** « A leur aspect et à leur structure, ces roues semblaient être en chrysolithe, et toutes les quatre avaient la même forme; leur aspect et leur structure étaient tels que chaque roue paraissait être au milieu d'une autre roue.

**Eze 1:17** En cheminant, elles allaient de leurs quatre côtés, et elles ne se tournaient point dans leur marche.

**Eze 1:18** Elles avaient une circonférence et une hauteur effrayantes, et à leur circonférence les quatre roues étaient remplies d'yeux tout autour. »

La chrysolithe est un minéral ou pierre aux reflets dorés. Ici, les reflets représentent le revêtement de calcaire des fameuses pyramides. Kem est le Noir mais aussi l' Or, la dorée...

## LE MIROIR ET LA GNOSE SOLAIRE SECRET DE LA SCIENCE DES ANCIENS.

Les anciens Égyptiens étaient très adroits avec les mots, les pierres, les sciences parce qu'ils avaient hérité de leur ascendants et de leurs maîtres, les Atlantes, dont quelques survivants ont vécu avec les Égyptiens et leur ont transmis un savoir qui reposait presque exclusivement sur leur cerveau droit.

Si bien que leur sens de l'observation et leur rapport à la Lumière leur permettaient d'entrer en parfaite symbiose avec les règnes, végétal, animal, minéral. Mais aussi avec les éléments ; l'Eau, l'Air, le Feu, la Terre.

De ce fait toute la retranscription de leur savoir, en particulier dans les sciences dites occultes à travers les hiéroglyphes et les édifices architecturaux, traduisent ce rapport particulier avec une créativité symbiotique et quasi-spontanée.

L'œil, qu'il soit physique ou symbolique ( il traduit le Verbe créateur), était perçu comme le premier organe de toute créature et même de la création. Mais également comme une porte sur de vastes mondes à explorer.

Comme la Douat : le royaume souterrain des "morts"

Bien qu'il soit aussi l'organe de l'illusion, de l'inversion comme notre œil faisant la translation entre ce qui Est ( derrière le Soleil) et ce qui perçu et qui est d'ailleurs souvent trompeur.

Nous sommes en ce sens les créateurs de nos propres enfers et cauchemars. Ce qui fait que les effets de miroirs, de symétrie étaient extrêmement importants chez les Anciens.

Pourquoi le TAROT dans tout cela?

La logique du TAROT par exemple : le Tarot bien sûr sous une autre forme que des cartes à jouer était un outil fondamental d'apprentissage des futurs héritiers de la double Couronne, ainsi que des Mages et des Scribes :

Tous étaient formés à l'Ecole de la Résidence (Royale)

La Ptah-Râ , le Tarot fut avant tout un outil pédagogique Royal... d'ailleurs la famille Visconti-Sforza lors de la commande de son Tarot du 15ème Siècle avait dû comprendre cela.

La logique du TAROT par exemple nous permet par la numérologie de comprendre ces effets de miroir et de translation.

## LE TAROT EST COMME LES YEUX. IL EST LE MIROIR DE L'ÂME

Le Tarot Solaire est un ensemble 80 Arcanes au sein duquel on distingue :
40 Arcanes Numériques.
24 Arcanes Majeurs.
Et 16 Arcanes que l'on appelle les *figures*, que j'ai nommé " Arcanes médians" parce ce que ces derniers, tout comme le cristallin de l'œil est un organe central, forment un prisme axial autour duquel se fait une translation des deux autres groupes.

24= 20-4
80= 4-20
16= 4x4
40= 16+24

On passe des rayons solaires (24) par la Maison ou l'Axe (16: LA MAISON DIEU) au Râ-Ion du Cœur qui est comme un astre qui diffuse ses rayons sur un socle 40 (la matière) traduit par le carré.

Donc de l'ensemble (80) nous passons à la lumière solaire (24) à la matière (40) en passant par l'Axe 16 c'est-à-dire l' homme qui se tient debout au centre des trois roues de ces trois temps. Et cette opération traduit l' éternité, le divin.

C'est-à-dire de l'on passe là de la Lumière à la 'Mat tiers' à travers un axe qui est ...l' être.

Cette petite formule adaptée à vos mathématiques peut aider à comprendre :

———— 20-(4x4)-20 ————

Vous ne pouvez pas comprendre la richesse et les éléments de la Gnose Solaire des Anciens si vous ne pouvez pas retrouver ce rapport à tous les règnes du vivant. Car ce sont les pierres, les animaux (d'ailleurs les Neteru mal traduit par « dieux » sont des énergies, des vibrations, des symboles qui sont représentés par des êtres zoomorphes ) les éléments qui enseignent aux Hommes leurs mystères à travers le langage de la Lumière.

C'est pour cela que la science moderne est plus faible que celle des Anciens. Parce qu'elle a perdu ce rapport à la nature qu'elle pense dominer alors qu'elle est le meilleur maître qui soit. Et c'est pour cela qu'elle nous envoie sûrement tous ces signes si terrifiants actuellement.

### L'éveil à la Lumière dans les mystères de l'ancienne Égypte.

L' Octave Alchimique en 7 mystères ou le Miroir de l'Étoile à 5 Branches, 5 Baptêmes et 2 Cycles :
- Eau / COUPE - Le Ballon
- Feu / BATON - Le Combustible
- Air / EPEE - Le Comburant
- Terre / DENIERS - La Matière Première - La chair
- Métal / l'OPERATEUR (La forge des dieux où est forgé la lame du Verbe divin : l' Epée est à double tranchant, c'est-à-dire qu'elle vient épouser les deux cycles : Création et Destruction dans la dimension originelle du Noun). 12x2 transmutations = 24 Rayons / Arcanes.

Dans cette logique, METAL est l'anagramme de LE.MAT

C'est un élément « annexe », central qui vient réunir les quatre éléments principaux. Où la lame que l'Homme représente, se tient au centre et debout. C'est la quintessence de la création. Le point qui s'élève au milieu des 4 points cardinaux. Comme la spirale des Arcanes Majeurs au centre des quatre éléments des Arcanes Mineurs du Tarot. L'Homme dans cette particularité est la Royauté de la Nature de cette planète, l'élément clef, l'axe central de la roue de la Création. Si bien que si l'Homme se désaxe dans l'ensemble, c'est toute la Création qui est désaxée dans son intégralité. L'initiation nous replace avant tout par ces mystères liés aux éléments fondamentaux de notre propre nature, face à notre responsabilité dedans l'ensemble du vivant. Elle nous remet dans l'Axe.

2 cycles donc dans les 5 mystères, comme les deux faces d'une même pièce :
- Cycle de Création (Unité)
- Cycle de Destruction (Dualité)

Ce qui ramène à 7 mystères qui appellent à être dépassés.

En effet, le passage au 8 est une unité du jour et de la nuit, du *Yin* et du *Yang* qui nous fait passer sur l'Octave de l'Infini. Il y a dans ces 7 mystères un rapport aux 7 chakras, et le 8 apparaît lors de l'ouverture du chakra corolaire ET sur cet Octave il y a, pour ceux qui y sont élus, deux autres baptêmes :
- Occulte (acquisition des Yeux)
- Angélique (acquisition des Ailes)

10 mystères qui composent le Grand Mystère du Yah, du Yod, le monade, le Fils.

1. Terre : Symbiose avec les énergies du Vivant (dimension du Chaman) c'est le retour à l'état de l'Eden, de l'Homme primordial (…)
5. Métal : Formation de l'Epée (Métal, l'Or du Verbe).

Symbiose avec le Verbe Créateur. Ouverture de la 5$^{ème}$ Dimension / Chakra au-delà de l'espace-temps relatif et commun. C'est la dimension du Noos. Le mystère qui mène à l'acquisition des clefs des Mondes. C'est le domaine de l'Aigle ou du Faucon Horus. Celui du Messager Hermès.

Cette quintuple initiation mène le myste vers l'union Mystique avec l'Univers et à la quintessence de l'Etre, c'est-à-dire à sa fusion avec le Divin. C'est une gnose alchimique qui amène à la transfiguration de la chair par exposition à la Lumière du Logos.

Dans une approche plus « contemporaine » c'est-à-dire le Nouvel Empire :

Dans l'élaboration de la Gnose Christique à Alexandrie, cette initiation a été simplifiée à 3 baptêmes ou mystères : Eau – Feu – Air (baptême du Crâne ou Golgotha).
Ce qui correspond en termes alchimiques, et pour les philosophes de la Nature, à une réaction exothermique liée à l'eau : de la condensation à la formation de la Rosée.
- Eau : Sa formulation est avant tout symbolique. Ce mystère consiste à être immergé par trois fois dans un volume d'eau, comme aux abords du Nil. Ou, pour les Rois dans la Grande Cuve de Râ qui est dans la « chambre du Roi » à l'intérieur de la Grande Pyramide, et dont l'eau provenait du Lac

d'Anubis, c'est-à-dire de la Source qui coule sous le Sphinx. C'est un Trépas, une mort / renaissance symbolique qui fait suite au mystère de la noyade et de la résurrection d' Ousir / Osiris.

- Feu : La Lumière ouvre les canaux subtils du novice. Il connaît alors la Gnose et cette connaissance intuitive et puissance met le feu en son être. Avec cette nouvelle énergie, l'adepte fera des œuvres agréables et utiles au Divin.

- Esprit ou Crâne : C'est une ouverture au centre du Cerveau et de l'Etre qui s'opère, ouvre un espace où le Monde et le Divin viennent s'épouser. Le Royaume est accessible et disponible. Le rêve de l'Homme devient le Rêve du Divin et vice versa. C'est l'accès à l'immortalité. Au titre de Fils dans le Père.

Cette initiation, comme notre Tarot vient du fond des âges et elle se confond avec les origines de l'humanité.

**Revenons un peu sur le nombre 101. Il est composé du Monde 21 et des 80 Arcanes du Tarot : Le 101 est le Peuple Atlante de la Mer**.

Nous avions vu un peu plus haut que le récit de l' Odyssée était une vaste parenthèse du retour du Roi Atlante Ulysse dans son royaume. Ulysse se comporte d' ailleurs en Pirate, comme Néo dans le film *Matrix*, qui est lui aussi un Pirate mais d'un autre genre, c'est à dire un pirate informatique. Le père du Roi Ulysse est lui aussi présenté comme étant un Pirate.

Tout le monde antique a tremblé à l'approche de ce Peuple mystérieux de la Mer; des Grecs aux Égyptiens en passant par Sumer / Babylone. Pourtant, ces même peuples furent grandement instruits par cette civilisation de nomades qui leur avaient légué une certaine part de leurs mystères et de leur technologie initiatique, fortement liée à la Glande Pinéale et au nombre 101.

Ce nombre 101 désigne de nombreux fractals : les colonnes d' Hercule / Gibraltar qui se situent comme par magie dans la zone 0 avec deux 1 de chaque coté. Ce qui nous donne là aussi 101.

Sur l'illustration que j'ai composé avec mes Arcanes, j'évoque le terme " mésopotamos" qui signifie "entre les eaux" et qui matérialise un espace physique entre le fleuve du Tigre et de l' Euphrate. Ce sont deux des quatre fleuves qui délimitent le Paradis de l'Eden dans la Tradition occidentale.

Le 101 c'est aussi cette image d'un creux entre deux vagues, entre deux fleuves pour ainsi dire. Mais pour reprendre un discours plus franc et plus moderne il s'agit d'un espace qui définit une longueur d'onde émise par le cerveau grâce au concours de la Glande Pinéale, donnée par les Rois de l' ancien monde.

C'est aussi le creux de la vague qui a englouti Atlantis et je suis au regret – ou à la joie – de vous annoncer que le peuple de la mer n'a pas péri et qu'il se porte même plutôt bien…

Le 0 du nombre 101 est à la fois le disque du Vril, le Soleil Noir intérieur mais aussi la place où séjourne sur son trône le Dieu Ahura Mazda de l'ancienne Perse. Lui aussi Grand Roi et rescapé Atlante.

C'est enfin et avant tout, le centre du crâne, symbolisé par un point entre des deux ailes / Sourcils. Siège du cadeau des dieux : la glande pinéale.

Ce fruit de l'arbre de la connaissance du bien et du mal est présenté dans le récit de la genèse du culte judéo-chrétien.

Ce fruit ne banni aucun être qui l'ouvre et le savoure : Il le rend libre (c'est une chose qui n'est pas forcement du goût des institutions religieuses). Mais l'Homme a grandi et il peut maintenant monter dans l'arbre d'où il est descendu. Bien que l'Homme, dit-on, n'aie jamais été un singe malgré les "rumeurs".

En souvenir de ce don, les Aryens de l'Indus ont matérialisé ce point par le fameux "œil de Shiva / Enki" parce que ce cadeau vous a été fait par ce Dieu Magnifique.

Je terminerai cet article en vous parlant de la lame 24 du Tarot Solaire qui marque l'achèvement de cette révolution complète au sein de notre royaume intérieur et l'ouverture de la porte qui mène vers une Divine Nation :

**ARCANE "IXIIXI" (24) PROMETHORUS**

La 24ème Heure est celle qui mène à Atlantis. A la fin du récit Homérique de l'*Odyssée*, le chant 24 comme nos 24 arcanes, la déesse Athéna obtient que le Roi Ulysse qui est de retour auprès de son fils et de sa femme, fasse la paix avec le peuple d'Ithaque. Après que le dieu Hermès ait conduit les âmes des prétendants, parasites de l'île, aux enfers.

Ce récit magnifique ainsi prend fin. On ne connait de l'Atlantide que quelques mots écrits par Platon, mais ce que l'on sait moins ou alors pas du tout, c'est que l'*Odyssée* d'Homère est une longue parabole du retour du Roi de l'Atlantide vers son île et vers sa famille.

L'exil du héros est dû à la perte de sa « vue » ; sa seconde vue symbolisée par le fils du Poséidon, le cyclope. Ce dernier n'est autre que le troisième œil, la Pinéale nommée astucieusement dans une allégorie, une personnification.

Tout Atlante qui a perdu ses facultés, et en particulier cette vue, est un exilé, condamné à errer sur la surface de la terre et à sans cesse mourir et renaitre.

Aha-men-ptah, Amenta, Atlantis n'est pas, dans sa version originelle, une contrée identifiable sur la terre. Elle est au large lorsque l'on passe les deux colonnes d'Hercule, qui ne sont pas à Gibraltar, mais juste les deux hémisphères du cerveau avec au centre cette île de la Pinéale.

C'est là où se trouve le Royaume des Atlantes avec ce nombre pour symboliser à la fois les colonnes et le Royaume. Nombre très important, d'ailleurs légué de façon plus ou moins subliminale : Le Nombre 101 : IOI les deux I sont les colonnes et le O est le Royaume.

C'est aussi votre nouveau symbole pour signifier le Rire, le « lol », le symbole pour nous de la joie et de l'extase qui sont les deux piliers du portail de cette île que nous portons en nous-même.

« Le royaume est à la fois en vous et à l'extérieur de vous » dit l'Évangile, et il s'extériorise par la joie et surtout le rire.

C'est aussi cela la divine comédie nommée le Monde et qui malheureusement est devenue un cauchemar. La raison étant que les héritiers Atlantes avaient pour un temps perdu la mémoire de qui et où ils étaient. Comme Œdipe ils avaient perdu leurs yeux ou plutôt leur Œil, celui que la tradition nomme l'Œil d'Horus.

Dans l'Arcane : cet œil est symbolisé sur notre Arcane par l'astre que tient Athéna contre son crâne ; son royaume. Les bras levés vers le haut symbolisent les deux colonnes, les deux hémisphères cérébraux. Mais ils symbolisent surtout le Ka. Voir le récit égyptien de l'île du Ka, gardée par un Roi serpent, cette énergie qui est la forme idéale de tous les Atlantes à la surface de cette planète : le corps glorieux que voient les disciples de Jésus lors de sa résurrection. L'astre apparaît entre les deux yeux de la déesse comme s'il était une projection de son troisième œil, de sa pinéale. Bien sûr, cet Arcane est un hommage à la Vierge à l'Enfant de l'un des plus grands Atlantes que la terre ait porté : le grand Léonard de Vinci.

Au sol, le serpent nous renvoie aussi à cette image des deux colonnes et du Royaume au centre et à l'île du Ka. Ce serpent passe entre les jambes de la déesse, entre les deux colonnes d'Hercule donc. Puis il serpente entre les deux pyramides, celle du Père et celle du Fils.

Au large du Salut, à l'horizon, il y a la tour du Royaume que le serpent Kundalini embrasse. Il faut embrasser cette énergie féminine très puissante « sexuelle » et la sublimer pour retrouver nos origines. C'est sa morsure qui est aussi notre talon d'Achille, ici le pied rouge de la déesse : elle a embrassé sa peur et sa peur l'a embrassée. Et c'est ce baiser qui nous fait voir le royaume dans l'extase.

C'est souvent ainsi que l'être trouve sa vérité : face à l'abime d'un regard de serpent, comme s'il était subitement face à un miroir sans tain. Avec la menace de cette gueule qui pourrait le dévorer à tout instant. Mais le doux sifflement de sa Langue peut aussi être une caresse s'il met dans sa propre langue, dans ses propres yeux, la douceur de l'infini.

Cette extase est dans la Tradition « Ananda » qui nous permet d'obtenir force et puissance au-delà des facultés humaines. A l'image du marteau en or de Thor caché dans la robe de la déesse. La Grande Mère divine : Isis / Athéna / Marie.

C'est aussi l'image de la déesse qui tient la Lune entre ses bras, nous rappelant les textes des pyramides : « Tiens-toi face au Soleil, à la pyramide et prends-le / la entre tes bras. » Ce qui nous décrit une étape décisive dans l'initiation aux Mystères de Ousir / Osiris. Cette initiation nous ouvre les portes du Royaume, de l'Orient Eternel invisible aux yeux des hommes et des profanes.

C'est dans ce Royaume que mène la porte de la vingt-quatrième heure tarot-logique.

Il s'agit chère lectrice, cher lecteur, de la clé de l'immortalité et de notre mémoire éternelle. Et cette clé et sa serrure sont déjà en nous, même si elle est encore cachée derrière les jeux de l'illusion de l'ombre, c'est-à-dire l'inversion.

Les deux derniers Arcanes du Tarot n'ont jamais été perdus ou volés par qui que ce soit. Nous les avons tout simplement gardé pour ce temps de la révélation et du retour des « dieux » d'Atlantis. « Parce que là où je suis, j'aimerais que vous y soyez avec Nous ».

**Yoann Lamant**

(Yoann Lamant est le créateur du Tarot Solaire en 24 Arcanes Majeurs    https://www.letarot24.fr/ )

# ACTUALITES

### Archéologie et dubitations chinoises
#### par Eulalie Steens

Toutes les civilisations connaissent, historiquement parlant, des « temps mythiques ». Elles sont toutes fondées sur des récits épiques de héros et d'héroïnes, de dieux et de déesses dont les vies et les actions relèvent de l'extraordinaire. La Chine n'échappe pas à la règle. Son Histoire débute avec les Trois Augustes, puis se poursuit avec les Cinq Empereurs. Non seulement, ils (on compte une femme) furent des souverains exceptionnels de par leur sagesse, mais ils se montrèrent aussi capables d'expliquer, d'inventer, de créer l'ensemble des techniques utiles : que ce soit l'agriculture, la médecine et la pharmacopée, la soie, les principes philosophiques du *yin / yang*, l'astronomie, la musique, la construction des habitations, l'irrigation, etc.… Puis Yu le Grand fut nommé roi en - 2207. Disons d'emblée que la date est théorique. Il s'agit d'un calcul par rapport au calendrier occidental, sachant que notre propre calendrier n'est pas exempt d'erreurs et de changements. D'autres dates existent mais elles ne sont pas plus fiables : nous nous basons donc sur la date « traditionnelle », nous ne sommes pas à 100 ans près, pour l'instant… Lorsqu'il mourut, Qi, son fils, fut investi roi : le principe de la filiation (au détriment de la cooptation) fut accepté et une dynastie naquit, celle des Xia. Il choisit ce nom à cause de celui de la terre qu'il possédait. Le dernier des Xia se montra tellement abominable qu'un courageux, Tang le Victorieux, le renversa et fonda la dynastie Shang en – 1765. Le même scénario se renouvela et le dernier des Shang fut renversé par le roi (à titre posthume) Wen et son fils le roi Wu. La dynastie Zhou vit le jour. Puis en - 221, c'est au tour de la dynastie Qin et en - 206 de la dynastie Han.

Côté archéologie, on a pu remonter jusqu'en - 5.000 ou - 6.000 avec différents groupes culturels, dont les plus célèbres sont les protagonistes de la civilisation de Yanghao (poterie peinte) et celle de Longshan (poterie noire). Les découvertes de la première moitié du 20$^{ème}$ siècle sont formelles et ne cessent de s'affiner et de nous faire remonter dans le temps.

Et pourtant, dire qu'à la fin du 19$^{ème}$ siècle, on pensait que l'histoire de la Chine commençait avec les Han ! Tout était en effet considéré comme douteux et donc légendaire.

Rétroactivement, cela peut paraître curieux mais il est vrai que la méthode se doit de toujours être fiable : on n'affirme jamais rien sans preuves. Surtout en matière historique. Seules les découvertes archéologiques font foi. Et des découvertes archéologiques en Chine, on en a fait d'incroyables depuis un siècle. Heureusement. La Chine se révèle être une terre extrêmement productive en artefacts. Et si l'on réfléchit à ce que l'on pourrait encore trouver, il reste des siècles de travail et de prospection. Certes, on peut penser qu'ouvrir des tombeaux ressemble à une profanation mais, si l'on étudie le sujet respectueusement, on ne peut que se réjouir de découvrir tant de trésors artistiques et de manuscrits, et de mieux connaître cette civilisation chinoise si passionnante.

La Chine est un des pays où l'écrit est le plus respecté. Et mettre enfin en parallèle les textes et les découvertes archéologiques est toujours une aventure passionnante. Quand on repère sur des *jiaguwen* de la dynastie Shang, le nom de l'épouse d'un roi, Fu Hao, et que l'on découvre un jour son tombeau, on ne peut que s'extasier. Quand on lit l'œuvre de Sima Qian qui nous décrit la dernière demeure de Qin Shihuangdi on n'a qu'une hâte : ouvrir le tumulus pour savoir si effectivement le cercueil du grand Empereur repose au centre d'un lac de mercure sous un ciel étoilé. En revanche, on ignorait l'existence de ces fosses remplies de ces milliers de statues en terre cuite : Sima Qian n'en souffle mot et ce fut la surprise. Quant au tumulus, il faudra attendre. Des sondages ont été effectués dans la colline et les archéologues chinois ont en effet repérer des émanations (nocives) de mercure. Sans compter qu'il paraîtrait, toujours selon Sima Qian, que des arbalètes automatiques se déclencheraient face à tout intrus. Et puis, n'oublions pas que nous dérangerions les fantômes… et les esprits. Les archéologues chinois préfèrent rester prudents et ne pas contrarier l'au-delà.

Au vu de ces paramètres, nous nous permettons un témoignage personnel. Dans un grand enthousiasme d'étudiante à Langues'O, nous rêvions et tenions ce raisonnement. Puisque les investigations progressent, et que nous avons remonté la chronologie du temps en prouvant l'existence des Zhou, et au-delà, celle des Shang ; que les civilisations de Yangshao et de Longshan, encore plus anciennes, sont devenues des réalités de l'époque néolithique, pourquoi s'obstiner à déclarer que la période de la dynastie Xia — et avant elle, celle des Trois Augustes et des Cinq Empereurs — est légendaire ? Que pouvait-il bien y avoir après l'une et avant l'autre ? Rien ? Qu'avions-nous oser dire là ? Comment… Pas de preuves, donc pas de réalité. Juste avant les Shang, cela ne peut qu'être une « période pré-Shang ». Les résultats scientifiques se doivent de guider la recherche. Point barre.

Encore une fois, il est bien évident que la méthode doit être rigoureuse et qu'il est hors de question d'inventer n'importe quoi. On l'a vu déjà ailleurs : le masque d'Agamemnon est-il bien le portrait d'Agamemnon ? Où la guerre de Troie s'est-elle déroulée ? Le Trésor de Priam serait-il un faux ? etc.

Or, pourtant, ces dernières décennies, des archéologues chinois ont osé. Excavant des vase rituels en bronze d'un style un peu différent que ceux des classifications Shang habituelles, ils n'hésitèrent pas à dater ces pièces, non pas « pré-Shang » mais « fin Xia », en leur donnant encore davantage d'ancienneté. Le pas fut avancé, au grand dam de certains spécialistes occidentaux qui trouvaient que ce pas était franchi trop allègrement. Toujours cette histoire de preuves : ce n'est pas parce que ce n'est pas du même style, que c'est plus ancien… Pire : le nationalisme chauvin des Chinois a encore frappé ! Des arguments peu fiables, finalement.

Et puis, très récemment, un petit article nous interpelle dans le n°866 de *Sciences et Avenir* (avril 2019) : *Une cité inconnue réécrit l'histoire chinoise*. Un magazine grand public, en français, résume une découverte étonnante. Or, l'annonce avait déjà été diffusée les mois précédents dans la presse anglo-saxonne. En fait, ce n'est pas nouveau, la découverte avait fait l'objet d'un rapport de fouilles dans la célèbre revue scientifique chinoise d'archéologie *Kaogu*. Publié en 2013, en chinois. En 2014, en anglais.

De quoi s'agit-il ? Dans la province du Shaanxi, dans la partie nord-est de la boucle du Fleuve Jaune, au sud de la Région Autonome de Mongolie Intérieure, sur la colline de Huangchengtai, près de Shenmu, district de Yulin, on a découvert les ruines d'une muraille faite de pierres. La trouvaille date en fait de 1976.

Pourquoi ne s'en est-on pas préoccupé plus tôt ? Pour deux raisons toutes simples. Le site étant près de la Grande Muraille, on a crû qu'il en faisait partie. Ensuite, la construction étant faite de pierres, on l'a daté un peu trop vite d'une époque plus récente. Puisque, dans l'antiquité, les premiers tronçons de la Grande Muraille et les habitations étaient fabriqués avec le système du *hangtu*. Une technique très solide : des couches de terre damée et compressée dans des banches. Une sorte de pisé. Construire avec des pierres était *inconnu*. Et surtout à cause d'une vue stéréotypée de la situation : la civilisation chinoise n'est pas née en périphérie, si au nord, si près des barbares mongols, mais plus au sud, dans les plaines centrales. Ce site n'est donc pas ancien. Parallèlement, un paysan venait, en 1974, toujours au Shaanxi mais bien plus au sud, de découvrir les premières statues en terre cuite du mausolée de Qin Shihuangdi. On se focalisa sur le site de Xi'an, en particulier. On médiatisa l'événement comme on sait. Exit donc le lieu de ces fouilles.

Plus de trente ans après, en 2011, on s'intéressa de nouveau au lieu et on amorça des fouilles en dégageant la muraille. La surprise fut immense. Qu'y a-t-on découvert ? Le site, anonyme, a été nommé par les Chinois Shimao (soit : tertre – de loess – en pierre). Il s'agit d'une ville étalée sur 400 ha. On y a repéré une pyramide en terrasses de 70 mètres de haut, avec une base de 24 ha. Il ne s'agit pas d'un tombeau mais d'un lieu de vie réservé à une élite, où on effectuait de la production artisanale qui lui était réservée. De véritables palais. On y a repéré des sculptures et des bas-reliefs dont les symboles — avec des visages anthropomorphes — ressemblent à ceux que l'on trouvera plus tard sur certains vases en bronze. (Des motifs bien connus aussi dans les civilisations amérindiennes). Des plaques de jade avaient été insérées entre les pierres. On a repéré 400 habitations bâties au pied de cette pyramide. On y a retrouvé aussi une fresque peinte et des poteries (noires, de type Longshan). Et six fosses contenant 80 crânes de femmes, dont on ignore s'il s'agit d'un sacrifice rituel ou non.

Les analyses ont été formelles : l'ensemble date de - 2.000. La cité, au niveau culturel très élaboré, fut occupée pendant cinq cents ans. Cette ville, remontant de la toute fin du Néolithique et du début de l'Age du Bronze, fut la plus grande du monde ! Et, du point de vue chronologie chinoise, elle se tient entre la fin de la civilisation de Longshan et…. la dynastie Xia. La Chine n'est donc peut-être pas née là où on l'avait si présupposé depuis encore récemment.

Cette cité de Shimao bouleverse tous nos a priori en faisant entrer la dynastie Xia dans la réalité. Les fouilles futures n'auront donc pas fini de nous étonner. Oserons-nous envisager que, peut-être, Yu le Grand foula son sol ? Conclusion : il faut souvent changer de méthode pour faire progresser l'Histoire et ne pas hésiter à croire en son intuition et ses rêves.

**Eulalie Steens**

# LES MÉTHODES DE FRANÇOIS RABELAIS

Quand le chasse-mouche ondoie, l'oiseau d'eau est tiré.

### Eric Hermblast - Ecrivain, Voyageur

L'auteur de cet article n'est pas à proprement parler un Grand spécialiste de Rabelais, il faudrait le préciser tout de suite. Mais arrière, ô fins Rabelaisologues qui voudraient plisser le front, hausser le nez et tordre la bouche ! Cet article ne sera pas une étude poussée, mais une évocation et une réflexion sur quelques évidences mises bout à bout et poussant le propos au fur et quelques mesures, comme le sang à l'ail dans la peau du boudin.

Les Méthodes de Rabelais (1494-1553) ? Oncques n'eut pu soupçonner qu'il y en eut au moins une ? Non seulement une, mais plusieurs, ô lecteur(s) et gentes lectrices !

Et, oh, vous voudriez qu'on vous entretienne d'une méthode scientifique, n'est-ce pas ? Oh, mais ce n'est pas encore l'heure d'y chercher ou perdre son latin ! Car Rabelais, nous allons le voir, fait "mieux" que ça...

D'abord, chez lui, une méthode moraliste. Rabelais est un humaniste, admettons, pour reprendre non pas une évidence, mais une situation, une mode, et surtout une réalité. Il intervient dans ce magnifique XVI$^e$ siècle qui veut sortir du médiéval, restaurer l'Antiquité, et qui ira s'achever dans d'horribles guerres de Religion (la fin de la vraie chrétienté, quoi qu'il en soit). Oui, l'ambition, au début des années 1500, dans l'Europe de Charles Quint, c'est d'exhumer l'Antiquité à force de lectures, d'enseignement supérieur et de diffusions savantes... C'est que depuis 50 ans, on dispose à présent de l'imprimerie, n'est-ce pas, et bientôt on pourra rééditer tous les savoirs anciens, dont, parmi le plus intéressant, la médecine... Celle de Gallien, Hippocrate et même Asclépios (pourquoi pas ? on y songe pourtant), et les astrologues autres que Ptolémée...

---

*La verve de Rabelais se moque de l'âge de la merdre, et Alfred Jarry lui-même s'en souviendra. La materia prima sera le fumier, et le soufre alchimique pue.*

---

Et puis les limites géographiques sont en train d'être repoussées : on vient de découvrir quelques îles dans l'Atlantique, et on a partagé (en 1494) un Brésil que personne n'a encore découvert.

En 1529, Magellan s'élancera pour faire le tour du monde (les Chinois l'ont bien fait en 1421, il est donc temps de les copier).

Il faut d'abord voir le Cadre. Oui, Rabelais sort du Moyen Âge et Galilée (1564-1642), le génial inventeur, ne naîtra qu'une dizaine d'années après sa mort. Pour l'heure, ce qui compte, c'est que l'extension du monde dépasse ce que les Anciens avaient fait et pensé. Colomb (1451-1506), Magellan (1480-1521), ou même Marco Polo (1254-1324) avant eux ont repoussé toutes les bornes... et ceci pour l'opinion du Grand Public européen, car les Puissants, Nobles et Clercs, "savaient" déjà.

Deux ans après que Colomb ait découvert des terres au delà de toutes limites connues à l'Ouest, le traité de Tordesillas partage donc un Brésil qui n'est pas encore "découvert". Et alors que le deuxième voyage de Colomb *n'a fait que découvrir Cuba*, Vasco de Gama part en 1498 pour les Indes par la bonne voie, l'Est (les Musulmans importaient déjà des épices d'Indonésie). C'est dans ce contexte que, dès le début du XVI$^e$ siècle, le Protestantisme va exploser avec succès. Les idées bougent, et veulent bouger parfois avec violence. La violence fait partie de l'éducation normale d'un individu : il faut parfois de la violence pour se faire obéir d'un cheval, parfois de la violence pour se nourrir (ne serait-ce que pour tuer un poulet), parfois de la violence pour se défendre (on frappe à la main, à l'arme blanche).

Pour relever la culture du Moyen Âge, les Arts Supérieurs restent confinés chez les puissants pouvant les commanditer (musique, sculpture) et parfois les associer au culte chrétien (fêtes, décora-

Cette médaille appartient au Musée des Hospices Civils de Lyon, et serait la reprise d'un document (autre médaille ?) figurant à un inventaire de 1667. Photo du domaine public.

tions d'églises). Le Théâtre intellectuel profane n'existe pas encore (Shakespeare 1564-1616) et le "peuple" ou les bourgeois doivent se contenter d'images xylographiées par tampons de bois, ou de lectures publiques des romans de chevalerie en vers.

Oh, les colporteurs diffusent aussi au loin, campagnes et gros bourgs, des petits fascicules, juste une feuille d'imprimerie pliée, sans reliure ou couverture, reprenant des légendes ou des contes... dont la légende de Gargantua (on le sait, mais aucune de ces feuilles païennes périssables ne nous est arrivée)... Le rôle des colporteurs est immense, celui des trouvères-troubadours est mince...

L'édition qu'on rêve d'avoir... Rabelais fut constamment connu et repris en France, et toute "bonne bibliothèque" en contient plusieurs exemplaires, achetés ou récoltés ; mais avouons qu'avec de belles *ymasges*, c'est mieux.

Dans ce cadre ainsi défini, Rabelais est précisément, non seulement lettré, mais aussi médecin et rédacteur d'Almanachs (eux aussi diffusés par le colportage). Le fait que des chercheurs autour de lui aillent bientôt faire œuvre mythographique en rééditant la Mythologie antique (au milieu du siècle) ne semblerait pas davantage le concerner que les querelles de la Réforme ? Au contraire, il conserve et exhume des géants gaulois, cultive des patois et particularismes, fait œuvre de folkloriste, de gymnaste et de paréidoliste.

Ensuite, chez lui, une méthode littéraire, non seulement dans l'angle micro-opérant, sur le texte, mais en faisant sur l'auteur une macro-opération, d'abord en publiant sous anagramme, puis, avec le succès, sous son vrai nom (mais toujours en risquant gros). Cet article va aussi en parler.

Enfin, chez lui, une méthode scientifique, à proprement parler. Rabelais a forcément entendu parler de Guillaume d'Ockham et de ses travaux (et d'ailleurs, il le cite, bien sûr, dès le Gargantua). Rabelais se situe donc dans la chaîne qui va de Guillaume d'Ockham (1285 - 1347), à Francis Bacon (1561-1626) pour créer un "Empirisme" – la science n'est encore que Art et Recettes – qui fascinera Descartes (1596-1650) et permettra surtout les multiples inventions de Galilée (1564 - 1642), le vrai Génie de ces Temps, bien davantage que le fumeux (désolé) visionnaire Da Vinci. Certes, Rabelais n'a pas connu Bacon, né 8 ans après la mort du Tourangeau, mais il aura lu Erasme (1469-1536), et on a souligné combien le fantaisiste *Éloge de la folie* de cet humaniste avait pu servir de modèle à sa propre démarche.

Quelle démarche ? Celle de l'ivrogne titubant ? On a voulu, dans les biographies de Rabelais, insister sur des "on-dit" scabreux et ridicules. Pour prendre un exemple, parvenu à Rome avec une Ambassade française, quand il voit un Cardinal baiser la main de l'*Unique* (ainsi Rabelais désigne t-il le Saint Père dans ses ouvrages), il confie à son voisin que pour devenir Cardinal, il voudrait bien « baiser le derrière du Pape à condition qu'on l'ait lavé ». Quel crédit apporter à de tels témoignages "biographiques" ? La blague est universelle, elle peut sortir d'un fabliaux, ou avoir circulé dix fois, même dans des monastères. Si on retire l'à-propos, il ne reste que la provocation, tout à fait hors de question et peu crédible. Au contraire, dans sa vie 'normale', Rabelais est homme du monde, diplomate, affable, charitable. Un individu peu fiable, cerné de professionnels de la courtisanerie, et capable de 'dérapages', amené à moins de 20 mètres d'un Pape ? C'est hors de toute possibilité.

---

*Le principe des romans à clé sera repris,
jusque et après Gulliver, cet autre géant... politique*

---

Aussi bien, la démarche littéraire pour faire rire est celle, souvent, de la quasi dissertation latine classique (mais en français) dans laquelle, soudain, l'incongru se révèle. Et la provocation est tout à fait étudiée, point gratuite, prenant prétexte sur un fond culturel existant : le fabliau scatologique. Même lorsque Gargantua et Grandgousier énumèrent les matériaux avec lesquels se torcher (les rideaux, les nappes, les bonnets, les écharpes), soudain se glisse une précision : une fois, Gargantua a essayé de se torcher avec la robe en velours d'une dame, mais le tissu était brodé de grains de bronze dorés qui lui ont arraché le cul... et notre géant de pester contre l'orfèvre fabricant desdits grelots, le vouant à quelque atteinte culière en représailles, comme de nos jours nous nous plaindrions d'un objet mal conçu, mal fini, mal vendu et impropre. Le passage se conclut d'ailleurs sur le fait que le mieux, pour se torcher, est de le faire avec un oison, car la chaleur et la douceur du volatile pénètre le cul, les organes, réjouit ceux-ci et de proche en proche, transmet de l'aise au cerveau.

Est-ce l'appel à un rire infantile en écho au pipi-caca ? Seuls les pisse-froid iraient le figurer et essayer de le soutenir. La verve de Rabelais se moque de l'âge de la merdre, et Alfred Jarry lui-même s'en souviendra. La matéria prima sera le fumier, et le soufre alchimique pue. Un sulfure de mercure rougeoie donc comme une pépite... dans le fond du pot de chambre.

Et donc, de nos jours, Rabelais n'est pas très enseigné pour de vrai au Collège. Il faut oublier que la tête est à moins de deux pieds du ventre et ses manifestations, renfermées ou non.

La provocation s'arrête là. Rabelais n'est pas un révolutionnaire politique, un Républicain (En Europe, une République libre existera en Pologne-Lituanie-Biélorussie, La République des Deux Nations, fédérale et aristocratique, de 1569 à 1795... qui le sait ? qui l'a étudiée ?). La plus petite amorce de pensée sur les structures politiques apparaît comme une éjection sous constipation forte, assortie de gémissements : nos penseurs classiques, Hume, Locke, Montesquieu, arriveront – bien plus tard – avec grande peine à publier leurs prises de conscience sociologiques très partielles, assez débiles (merdre ! il faut le dire !) et bancales : Rabelais, lui, pisse dans un grand sourire des considérations sur (ce qui est devenu) le Panurgisme et la Méchanceté.

Tout ceci en évitant habilement de prendre de front les controverses clivant des haines établies.

Rabelais n'est pas non plus un adepte de la religion réformée. Pourtant, il était au courant. On a souligné que les années précédant la publication de ses œuvres avaient vu les théories protestantes circuler avec vigueur. Yvan Loskoutoff (1) rappelle que Pantagruel s'exprime sur la liberté de conscience dans ce que Lucien Febvre a appelé le credo des géants. Ce passage aurait une grande saveur "si luthérienne" que Rabelais l'aurait fait disparaître dans l'édition de 1542 (4 ans avant la parution du *Tiers Livre*) : « Je ne te dys pas, comme les caphards Ayde toi dieu te aydera : car cest au rebours aydetoy le diable te rompra le col. »

...Eh bien, par là, au contraire, il est bien évident que ce passage s'inscrit dans une subordination à l'Église : le libre penseur ne pouvant qu'errer et être tenté, il n'y a pas de liberté en dehors de l'Église... N'oublions pas que Rabelais a commencé sa vie adulte comme moine, et qu'il rêvera de fonder un monastère idéal, Thélème...

Sa démarche provocatrice, en apparence obéissante aux Nobles et au Clergé, est donc bâtie de chocs et de hiatus, de contradictions apparentes, va s'illustrer dans toute sa vie, qui peut servir de guide pour mieux voir ses contrastes, ses libertés possibles.

Rien n'interpelle tant qu'une rupture de propos créée par quelque chose qui cogne. Mais Rabelais, sans s'excuser non plus, n'en rajoute jamais dans la complaisance graveleuse ; et préfère souvent rester dans l'implicite. Il entend faire comprendre qu'une Grande Puanteur fait fuir, et ne nous la décrit pas. L'idée de tirer le cordon de la cloche passé minuit suffit : point n'est besoin de passer à l'acte pour réveiller tout le couvent.

Et de fait, les complaisances personnelles sont tout à fait absentes de ses textes. Il y a bien certainement des références à la Touraine, son berceau, mais Alcofribas-Rabelais s'efface ensuite. Ses goûts personnels n'apparaissent pas non plus (entre tripes de bœufs et andouilles de cochons), et il faut constater une distanciation, un recul, une capacité d'auto-étude tout à fait normale : il est médecin. Le médecin se retrouve face à la nudité de l'humain et de ses fonctions ou dérapages : il sait que la merde n'est pas tant chargée de ferments (la pourriture intervient au dehors) que de toxines rejetées à bon droit. Rabelais a donc ce que l'on appelle le regard clinique : en situation, sur le vif, pour capturer la vérité par le fait qui est manifesté. Hommes et femmes chient, hommes et femmes aiment faire "la bête à deux dos", hommes et femmes sont contraints, victimes, frappés, et trouvent la consolation auprès du moins mauvais conseiller.

---

*On ne rapelle pas trop que, comme Benjamin Franklin au XVIII$^e$ siècle, Rabelais écrivit et publia des almanachs*

---

Oui, sa méthode littéraire est importante (le principe des romans à clé sera repris, jusque à Gulliver, cet autre géant... politique). La démarche de Rabelais, qui veut faire le fond de cet article, devra aussi aborder sa façon, ses techniques. Rabelais vise d'abord à rire, en écrivant, en étant lu. Mais rire de

"Épistémon aux enfers", par Albert Robida pour le chapitre XXX de Pantagruel. Les plus grands Illustrateurs ont travaillé sur Rabelais. Domaine public.

quoi ? Des choses les plus sérieuses, les plus livresques, de la politique, de la religion, en associant bouffonnerie et sagesse... « Mieulx est de ris que de larmes escrire, Pour ce que rire est le propre de l'homme » figurait en dédicace au lecteur au début de la VIE très HORRIFIQUE DU GRAND GARGANTUA (LIVRE PLEIN DE PANTAGRUELISME) ...

Rabelais n'est pas long, en son prologue, à annoncer qu'il a commis un ouvrage à clé. Dès la fin de son second paragraphe, on peut lire : « C'est pourquoy fault ouvrir le livre, & soigneusement peser ce qui y est deduict. Lors cognoistrez que la drogue dedans contenue est bien d'aultre valeur que ne promettoit la *boite*. C'est à dire que les matières icy traictées ne sont tant folastres, comme le tiltre au dessus pretendoit. » L'avant-dernier paragraphe des mêmes prolégomènes clame d'ailleurs : « Pourtant, interprétez tous mes faicts & mes dicts en la perfectissime partie ; ayez en reverence le cerveau caséiforme qui vous paist de ces belles billes vezées, & à vostre pouvoir tenez moy tousjours joyeux. »

Rabelais s'exprime sur l'éducation, la politique, la guerre, l'Église, le bonheur, les puissants et l'ordre social. Ses héros ont l'esprit curieux, le pardon facile, sont actifs, détestent l'ignorance et recherchent la Vérité : on a souligné que c'était là le programme de l'Humanisme de la Renaissance...

Il cite Ockham (*Gargantua* VIII) :
« Lors commença le monde attacher les chausses au pourpoinct, & non le pourpoinct aux chausses : car c'est chose contre nature, comme amplement a declairé Ockam sus les exponibles de M. Haultechaussade. »

Au vrai, la structure de ses livres peut déconcerter : il peut (sous prétexte de parler des habits du jeune Gargantua) disserter sur le blanc et bleu pendant deux chapitres, et énumérer des listes de nombres correspondant à des fournitures, comme ce qu'on trouve dans la Bible (et qui correspondait à la reprise par ses rédacteurs tardifs des énumérations égyptiennes voulant décrire par là une perfection de réalisation). Puis, derechef, il parlera pendant plusieurs chapitres de la meilleure façon de se torcher (qui a été citée).

Aussi bien, il aborde tous les genres littéraires : les légendes, les chroniques, l'épique, la poésie, la diatribe, la lettre, la comédie, les dialogues, l'allégorie, la bouffonnerie, le rapport médical, le grotesque... Ces genres sont bien sûr contrefaits, moqués, et assortis de citations improbables. Lorsque Grandgousier cite un faux passage de Saint Jean sur l'accouchement des femmes, Gargamelle son épouse lui répond : « Ah, je préfère entendre les Évangiles que des billevesées sur la vie de Sainte Marguerite. » Puis elle accouche par l'oreille (il faut comprendre... Le chapitre se termine par le mot 'entendement') et Rabelais de citer la liste mythologique de toutes les naissances ahurissantes, de Vulcain à Minerve, sans oublier d'y glisser un inconnu qui serait né par le talon de sa mère.

Ce faisant, il mène la vie d'un lettré, d'un clerc et d'un docteur en médecine. Il accompagne des ambassades à Rome, est soutenu par les Evêques de Paris, du Mans, de Tulle, de Montpellier, le Garde des Sceaux et tous les *sçavants* les plus illustres de France. Parmi ses lecteurs, on compte le Roi François 1er lui-même. Autrement dit, il est impossible qu'il ait été, ouvertement ou non, alcoolique ou débauché...

Le *Gargantua* et le *Pantagruel* datent des années 1534. Personne ne sait lequel des deux précéda l'autre, et mon avis (non solitaire) est qu'ils parurent en même temps, puisque leur composition prit bien plus de temps que l'intervalle possible (un ou deux ans) de leur parution.

Imprimés à Lyon, lieu de résidence de Rabelais qui y corrigeait des ouvrages (de médecine, herboristerie, grecs ou latins) pour des imprimeurs, ils y furent ensuite constamment re-édités. A l'époque, on n'imprimait que des petites séries de livres, quelques centaines, à chaque tirage.

---

*Les livres ésotériques de la Renaissance étaient systématiquement codés, et connaissaient les vertus des arrangements rhétoriques et linguistiques les plus raffinés*

---

On ne rappelle pas trop que, comme Benjamin Franklin au XVIIIe siècle, Rabelais écrivit et publia des almanachs (pendant 17 années de suite, de 1533 à 1550 !). Ces publications pour l'année à venir précisaient les fêtes, les bonnes dates pour les activités agricoles, et des pronostics divers, plus ou moins astrologiques. Sa réputation dans ce domaine supporta quelques éloges, au point que Rabelais lui-même s'arma contre les "mauvais" (abuseurs, incapables et faussaires) de la discipline, en publiant en 1532 *La Pantagrueline prognostication* (oui, au moment de la parution de *Gargantua* : Rabelais ne sachant d'où viendrait le succès faisait feu de tous bois), et la faisant re-éditer, remaniée (elle est pleine de verve, de traits et de satires, et il ne peut la renier) pendant une dizaine d'années, jusqu'à l'établissement d'une version définitive.

Malgré ses nombreux amis, il comptait aussi des ennemis, et dès le début de l'agonie de François 1er, en février 1547, il se réfugia en Lorraine, terre impériale (dans son œuvre, les Amaurotes sont les habitants de Metz, et les Dipsodes sont les Lorrains – Jean des Entommeures n'est autre que le cardinal de Lorraine). Le *Quart Livre* paraît en 1548, débutant par des attaques contre les diffamateurs et s'achevant sur la peur de Panurge, qui se "chie dessus" avant de disserter sur sa trouille et ses excréments.

Les attaques ouvertes sont répertoriées à partir de 1549 (Puits-Herbaut, un moine de Fontevrault, sert de façade à ces attaques). Rabelais est décrit comme biberon, glouton, cynique… (ce qui fut ensuite repris moultement).

Mais Rabelais avait trouvé de nouveaux appuis à la cour de Henri II avec les Guise et les Montmorency. Il fut même nommé à la cure de Meudon en 1550 (il était déjà curé dans le diocèse du Mans). Décrit comme un pasteur "vigilant, honnête et charitable", il résigna ses deux cures juste avant la parution du *Quart Livre*, toujours en prévision des attaques, en 1552. Malgré l'autorisation du Roi et d'autres précautions, le Parlement de Paris mit le livre à l'index, sous la pression de la Faculté de Théologie.

Rabelais décéda en 1553, sentant sans doute l'étau se resserrer. Sans avoir abusé de sa liberté, il en avait fait usage, ce qui était déjà de trop pour certains. Les traits fantaisistes et fausses anecdotes sur sa biographie ont été cités, mais n'oublions pas que Ronsard (1524 - 1585), né trente ans après Rabelais, parla de lui dans ces termes : « Barbouillant dans le vin comme une grenouille dans la fange ».

Entre 1790 et 1792, une caricature révolutionnaire exploite Rabelais… le début de la légende explique : « Le fameux glouton nommé Gargantua suivi des cardingots, des evégots, des abbégots et des capucingots, oiseaux très saler très puants et très voraces ; se transporte monté sur une jument avec sa famille, et va consulter l'Oracle de la Dive Bouteille sur les évènements futurs… » Gargantua a les traits de Louis XVI. Domaine public.

Du coup, il faut comprendre que l'édition compliquée du posthume *Cinquième Livre* (d'abord quelques chapitres, puis l'ouvrage complet en 1564) ne vit le jour que par respect de ses amis à Rabelais, face à des opposants de plus en plus virulents, qui crièrent bien sûr à l'apocryphe, à la forgerie, à la fausseté. Mais Rabelais préparait ses textes longtemps à l'avance (comme le démontre la parution quasi simultanée du *Gargantua* et de *Pantagruel*, les deux premiers livres, à deux ans d'intervalle – l'un montrant un succès, l'autre suivit, déjà prêt).

En fait, avec lui, tout le monde en prenait pour son grade, seuls les amis chers et les protecteurs étant épargnés. Il ne sera pas inutile de préciser certaines clés *traditionnelles* établies : Gargantua était François 1er ; Panurge, le Cardinal d'Amboise ; Grandgousier, Louis XII ; Gargamelle, Marie d'Angleterre ; la Jument de Gargantua, la Duchesse d'Etampes ; L'îles des Alliances, la Picardie ; les Géans, l'Artois ; L'Ile des Andouilles, la Touraine ; Pantagruel, Henri II ; Macréons, les Anglais ; le roi Petault, Henri VIII ; Picrochole, le Duc de Piémont ; Putherbe, Puits-Herbaut ; Les Papefigues, les Protestants ; les Papimanes, les Papistes ; La Révélation, l'Apocalypse ; Les Lichnobiens, les libraires-éditeurs.

---

*Rabelais est décrit comme biberon, glouton, cynique...*
*(ce qui fut ensuite repris moultement).*

---

Sa Démarche globale reste donc toute de prudence, malgré quelques outrances visibles. Car son approche de la réalité le démontre, tant dans sa pratique littéraire (prudence, gestion de best sellers "comiques") que dans ses exposés, Rabelais sera avant tout un pragmatique. Non seulement, pour lui, les causes découlent de conséquences bien exposées et comprises, mais ne pas comprendre les causes, rater leurs expositions et donc l'annonce de leurs conséquences, c'est ceci qui mérite punition (laquelle ne tardera pas, même si elle est farce, puisque annoncée par l'andouillerie de son méritant). De même, la conclusion est clairement compréhensible (et sera reprise par Voltaire avec son "il faut cultiver son jardin") : l'abstention des troubles

"Gargantua regarde Thélème", par Gustave Doré. Ce Paradis sur Terre, où "fait ce que voudras" et où règne une stricte égalité entre hommes et femmes (tiens ?) fait de Rabelais un Utopiste, selon les critiques... Pour Rabelais le mot Utopie désigne un royaume ruiné par les dipsodes (Thomas More avait publié Utopia en 1516), et Thélème, *c'est bien autre chose*. Domaine public.

et des aventures, ou des occasions de fautes, est ce qui conduit à la non implication (Nirbana, avec un b, c'est à dire état de non trouble). Bouddha aurait pu aller habiter à Thélème.

Du coup, les critiques même superficielles auront beau jeu de retrouver la théorie des Quatre sens chez Rabelais. Rappelons que pour cette sémiologie pratique, une œuvre comportera quatre degrés de lecture (2) : littéral, moral, allégorique, et enfin, mystique. Nous allons devoir nous baser sur cette typologie, puis la dépasser.

Le littéral est bien sûr le scénario plat, l'agencement micro et macro-structurel du scénario, du fil, et peut même se voir comme syntaxe plate. Le moral est un peu moins et un peu plus que l'enseignement de sagesse, ou la redite d'un passage des écritures (sermonné, donc) ; il tend vers l'universel, le compréhensible par sympathie ou compassion. L'allégorique est certes le symbolique, et tire des boulets à longue portée ; il s'agit des codages, clés, sous-niveaux et masques, implicités ou parfois retirés. Le mystique, enfin, est aussi contenu dans une poésie poïétique (celle ci étant l'étude des potentialités inscrites, elle pourrait être source d'herméneutique, cette science de faire dire ce qui n'a pas été dit mais est contenu vraisemblablement). Evidemment, la mystique du boudin, ou du soulagement intestinal, n'est pas de la mystique entendue selon les dogmes classiques : Mystique est un mot formé sur *mustes*, qui désigne l'initié, autrement dit celui qui peut fréquenter le divin sans *mysterius tremendum*, l'effroi du sacré, en étant devenu médium (truchement entre les deux mondes, le tangible et l'invisible) ; d'une part la merde ne fait plus peur, elle devient propre (ce qu'elle est *relativement* au départ, non encore contaminée par les micro-organismes extérieurs, dont certains seront pathogènes).

D'autre part, les livres ésotériques de la Renaissance étaient systématiquement codés, et connaissaient les vertus des arrangements rhétoriques et linguistiques les plus raffinés, n'ignorant ni les quatre sens de lecture, ni bien d'autres phylactères vides. Nous allons voir dans un instant que l'alchimie de Rabelais a été décelée. Aussi, les arrangements lexicaux et humoristiques du Tourangeau permettent l'Art Goth (l'argot), la langue des oiseaux, et bien d'autres sports grammaticaux raffinés. N'oublions pas qu'un des sens de "hermétisme" signifie précisément nature hermétique, ce qui est d'ailleurs ce que l'on recherche pour une bonne conserve.

---

*C'est pourquoy fault ouvrir le livre, & soigneusement peser ce qui y est deduict. Lors cognoistrez que la drogue dedans contenue est bien d'aultre valeur que ne promettoit la boite.*

---

En effet, le discours alchimique de Rabelais a été abordé par divers auteurs. Jean-Michel Mathonière (3) cite les travaux de Probst-Biraben (4) et Léo Mérigot (5). Tout comme l'astrologie de notre auteur, ces domaines peuvent donner naissance à de nombreuses pages, mais les symboles et les pistes alchimiques de Rabelais ne doivent ici être cités que pour rappel. En fait, cette mention de l'adeptat d'Alcofribas Nasier (l'asier alchimique étant notre futur acier chimique), anagramme du nom François Rabelais, sera pour mettre en évidence son niveau allégorique ou symbolique, qui s'occupe du Tarot (que tout le monde veut voir comme étant à l'époque un simple jeu de cartes, ce qui est inepte).

Nous pourrons ainsi nous inspirer de Jean-Michel Mathonière, que nous venons de citer, un auteur très spécialiste émérite du monde du Compagnonnage. Celui-ci est au courant de la théorie des Quatre Sens, puisqu'il la cite, et il a ensuite développé sur les Arcanes, mot qu'il faudrait parfois éviter avec soin. Nous reprendrons donc des pistes depuis son livre "*L'arcane des arcanes du Tarot*".

Arcane ? Il relève que Rabelais est sans doute le premier auteur français à user du mot Tarot, cité parmi les jeux préférés du jeune Gargantua, et orthographié "tarau" (*Gargantua*, XXII). Et de relever que cette référence au Tarot se fait dans un chapitre portant en numéro d'ordre le même nombre que celui des Arcanes Majeurs (numérotés + le Mat), et que dans le $V^e$ *Livre*, au plan posthume remanié, la référence occupe le XXIII$^e$ chapitre, laissant penser qu'elle aurait pu aussi être en XXII).

---

*Mais alors, la Science ? N'aurait-il rien fait pour la Science ? Au contraire, il fut Éditeur Scientifique ! Ah oui, celle-là, il fallait la garder pour la fin...*

---

Dans ce XXIII$^e$ chapitre du $V^e$ *Livre*, les Tarots sont cités avec d'autres jeux, dont les dés, des cartes classiques (en fait, le Tarot est l'ancêtre de toutes les cartes à jouer), échecs et damiers, au fond du magnifique "pot pourry" servi aux présents argonautes arrivés en royaume de Quinte. Ce cinquième royaume représente le centre, ce que confirme le mélange du "pot pourry", caricature du Graal des romans arthuriens, et lieu de confusion d'objets et de nourriture (il contient aussi des carbonades, pâtés, *formages*, tartes et gâteaux, entre autres aliments). Il faut préciser que "pot pourry" désignait un plat composé, avec viandes et légumes, dont la cuisson était prolongée plusieurs heures. Ce type de ragoût visait à copier la marmite paysanne qui restait toujours à proximité du feu, et à laquelle on rajoutait de l'eau pour avoir bouillon ou soupe, et matières carnées ou poissons quand quelqu'un en ramenait. Cette évocation rejoint donc la cuisine alchimique et ses tâtonnements plus ou moins réguliers.

Pour en revenir au prologue du *Gargantua*, la mention des Silènes a toujours été une clé défiant l'érudition des critiques. Rabelais désigne ainsi les Arcanes du Tarot, et Jean-Michel Mathonière (op. cit.) nous précise quelques points importants :

Il expose que le mot Arcane, pour désigner les Lames Majeures, ne se diffuse qu'au XIX$^e$ siècle, désignant "*d'abord le caractère intrigant de ces figures, puis leur contenu signifiant supposé, puis enfin les cartes elles-mêmes*". Comme le jeu existe déjà depuis la fin de la période médiévale cinq siècles auparavant, cette "nouveauté" apparaîtrait bien spécieuse. Et pourtant, le témoignage de Rabelais nous ramène à une évidence : c'était un terme connu, oublié et resté longtemps occulté. Sa re-émergence au XIX$^e$ siècle, en même temps que de nouvelles théories pour son usage divinatoire, indique qu'on avait sciemment déguisé et enterré la tradition hermétique du Tarot.

Citons Mathonière : « En latin *arcana* est un petit coffre propre à enfermer des bijoux et autres objets précieux. Le terme est proche du grec *archè* : origine, principe, commencement. Le français "arche" confond ... les notions de coffre – qui enferme, qui dérobe au regard – et d'origine lointaine, cachée et secrète. Le principe divin, l'arche de Noé et l'arche d'Alliance sont mis en analogie »...

Notons que la boîte, c'est aussi la boîte crânienne, le cerveau caséiforme qu'évoque Rabelais venant du mot *caséus* (caséine) désignant le formage (fromage), ce qu'on met en forme. Il faut aussi compter avec l'Arc-en-ciel, et les sept voûtes célestes de Posidonios (probablement héritées des Sumériens). En Angleterre, une arche est bien une voûte (l'arc électrique fut nommé ainsi parce qu'à sa première production, il prit la forme d'une courbe entre deux électrodes, sa chaleur entraînant vers le haut l'air dans lequel il se produisait).

Notre auteur indique, lui, que les alchimistes médiévaux se sont emparés du terme "arcane" pour nommer la substance sublime incorporelle, incorruptible. Et enfin, selon Paracelse, que Rabelais n'ignorait pas, l'arcane est la substance qui enferme la vertu des corps dont elle est tirée : c'est la Quintessence. Par extension, arcane désigne le secret. Et on sait que Rabelais tend constamment son propos vers cette fameuse quintessence.

Pour mieux situer le propos, Jean-Michel Mathonière cite Rabelais et le prologue de Gargantua. Pour bien suivre, nous pouvons faire comme lui, en nous limitant à sa première moitié :

« Beuveurs très illustres, et vous, Verolez tres precieux,— car à vous, non à aultres, sont dediez mes escriptz —, Alcibiades, ou dialogue de Platon intitulé le BANQUET, louant son precepteur Socrates, sans controverse prince des philosophes, entre aultres paroles le dict estre semblable es Silenes. Silenes estoient jadis petites boites, telles que voyons de present es bouticques des apothecaires, pinctes au dessus de figures joy-

La fameuse dive bouteille qui édicte l'avenir, donc la Vérité. Apparaissant au quinte livre, elle contient la quinte essence, l'al kool, qui en tant que fard (cachant et révélant) de la beauté, renvoie à la matière de ce fard, la Stibine, ou Sulfure d'Anti moine, dont certains font la materia prima...
Gravure de Lacoste en 1880, dans le *Rabelais* édité par Niort & Champion.

Domaine public.

O Bouteille
Pleine toute
De myſteres :
D'une oreille
Je t'eſcoute,
Ne differes,
Et le mot proferes,
Auquel pend mon cœur.
En la tant divine liqueur,
Qui eſt dedans tes flancs recloſe
Bacchus, qui fut d'Inde vainqueur
Tient toute verité encloſe,
Vin tant divin loing de toy eſt forcloſe
Toute menſonge, & toute tromperie.
En joye ſoit l'aire de Noach cloſe,
Lequel de toy nous fit la temperie.
Sonne le beau mot, je t'en prie,
Qui me doit oſter de miſere.
Ainſi, ne ſe perde une goutte
De toy, ſoit blanche ou ſoit vermeille.
O Bouteille
Pleine toute
De myſteres :
D'une oreille
Je t'eſcoute.
Ne differes.

euses et friroles, comme de harpies, satyres, oysons bridez, lievres cornuz, canes bastées, boucq volans, cerfz limonniers et aultres telles pinctures contrefaictes à plaisir pour exciter le monde à rire (quel fut Silene, maistre du bon Bacchus); mais au dedans l'on reservoit les fines drogues comme baulme, ambre gris, amonon, musc, zivette, pierreries et aultres choses precieuses. Tel disoit estre Socrates parce que, le voyans au dehors et l'estimans par l'exteriore apparence, n'en eussiez donné un coupeau d'oignon, tant laid il estoit de corps et ridicule en son maintien, le nez pointu,

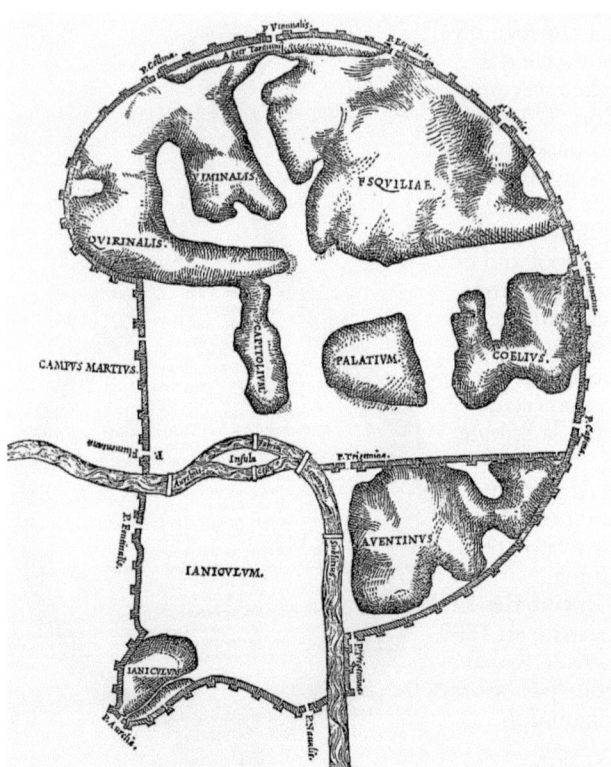

Tout le monde a entendu parler des 7 collines de Rome, mais même à pied, on les ressent plus qu'on ne les voit. Rabelais publia les cartes de Marliani. Domaine public.

le reguard d'un taureau, le visage d'un fol, simple en meurs, rustiq en vestimens, pauvre de fortune, infortuné en femmes, inepte à tous offices de la republique, tousjours riant, tousjours beuvant d'autant à un chascun, tousjours se guabelant, tousjours dissimulant son divin sçavoir; mais, ouvrans ceste boyte, eussiez trouvé au dedans une celeste et impreciable drogue: entendement plus que humain, vertus merveilleuse, couraige invincible, sobresse non pareille, contentement certain, asseurance parfaicte, deprisement incroyable de tout ce pourquay les humains veiglent, courent, travaillent, navigent et bataillent.

A quel propos, en voustre advis, tend ce prelade et coup d'essay ? Par autant que vous, mes bons disciples, et quelques aultres foulz de sejour, lisans les joyeulx tiltres d'aucuns livres de nostre invention, comme Gargantua, Pantagruel, Fessepinte, la Dignité des Braguettes, Des Poys au lard cam commento, etc., jugez trop facilement ne estre au dedans traicté que mocqueries, folateries et menteries joyeuses, veu que l'ensigne exteriore (c'est le tiltre) sans plus avant enquerir est communement receu à derision et gaudisserie. Mais par telle legiereté ne convient estimer les œuvres des humains.

« Car vous mesmes dictes que l'habit ne fait point le moine, et tel est vestu d'habit monachal qui au dedans n'est rien moins que moyne, et tel est vestu de cappe hespanole qui en son couraige nullement affiert à Hespane. C'est pourquoy fault ouvrir le livre et soigneusement peser ce que y est deduict. Lors congnoistrez que la drogue dedans contenue est bien d'aultre valeur que ne promettoit la boite, c'est à dire que les matières icy traictées ne sont tant folastres comme le titre au dessus pretendoit.

Et, posé le cas qu'au sens literal vous trouvez matières assez joyeuses et bien correspondantes au nom, toutesfois pas demourer là ne fault comme au chant de Sirenes, ains à plus haut sens interpreter ce que par adventure cuidiez dict un gayeté de cueur.

« Crochetastes vous oncques bouteilles ? Caisgne ! Reduisez à memoire la contenance qu'aviez. Mais veistes vous oncques chien rencontrant quelque os medulare ? C'est, comme dict Platon, lib. II de Rep., la beste du monde plus philosophe. Si veu l'avez, vous avez peu noter de quelle devotion il le guette, de quel soing il le guarde, de quel ferveur il le tient, de quelle prudence il l'entomme, de quelle affection il le brise, et de quelle diligence il le sugce. Qui le induict à ce faire ? Quel est l'espoir de son estude ? Quel bien pretend il ? Rien plus qu'un peu de mouelle, pour ce que la mouelle est aliment elaboré à perfection de nature, comme dict Galen., III *Facu. natural.*, et XI de *Usu parti*.

A l'exemple d'icelluy vous convient d'estre saiges, pour fleurer, sentir, et estimer ces beaulx livres de haulte gresse, legiers au prochaz et hardiz à la rencontre; puis, par curieuse leçon et meditation frequente, rompre l'os et sagcer la substantificque mouelle—c'est à dire ce que j'entends par ces symboles Pythagoricques—avecques espoir certain d'estre faictz escors et preux à ladite lecture; car en icelle bien aultre goust trouverez et doctrine plus absconce, laquelle vous revelera de trez haultz sacremens et mysteres horrificques, tant en ce qui concerne nostre religion que aussi l'estat poïiticq et vie oéconomicques. »

Jean-Michel Mathonière nous rappelle que cette description de ces curieuses *Silènes*, – *petites boîtes peintes sur le dessus*, contenant de précieuses substances, et de leur usage, est la simple traduction du latin *arcanum*. Remarquons qu'elles sont "Contrefaites à plaisir", ce qui veut dire que tout le monde les copie pour en faire des reproductions, sans trop se soucier de l'original. Là, Rabelais a pointé un problème qui ne tient pas à la fantaisie des images, mais à leur dénaturation depuis un modèle : il le voit, le cite, mais passe quand même au-dessus, puisqu'il s'agit de choses frivoles, boucs volants et Satyres.

Et Mathonière de remarquer que la description de Socrate s'applique en fait au Fou du Tarot. Le chien (le cynique) poursuivant ce personnage est présent, et il relève le rôle d'initiateur, de guide, parfaitement décrit (le Moyen Âge invente le fol, qui n'est pas un malade mais un excentrique, d'où le fameux *Éloge de la folie* d'Erasme). Le mot *enseigne* désignera les symboles des lames mineures, d'une manière bien appuyée : Rabelais se croit obligé d'en donner une signification "voilée".

Nous noterons ici la référence mythologique à Silène et à ses fils ou petit-fils, qui est aussi présente, ce qui dénote une assez bonne connaissance de la mythologie, en 1534. Ce personnage mythologique grec est vu comme maître et compagnon de Bacchus, alors qu'il est fort complexe : son aspect de bouc, *tragos*, montre son rapport avec *tragos*, la même orthographe désignant aussi l'orge, la céréale dont on fait la bière. Mais le dieu Pan lui-même, d'origine agraire, a le même aspect ovin, se distinguant, par le fait qu'il joue de la flûte, d'Hermès ou d'Apollon, inventeurs en compétition de la Lyre. Et Apollon est tout de raison, alors que Dionysos est tout de délire. Dionysos est lié à Pan, lié à Silène, et c'est lui qu'on appelle Iacchos, ce qui donnera le latin Bacchus. Ça, Rabelais ne pouvait peut-être pas encore le savoir, n'ayant pas bénéficié des recherches encyclopédiques du XIXᵉ siècle (ce qui n'empêcha pas Nietzsche de se fourvoyer sur Dionysos). Mais peu importe ces subtilités, puisqu'il reste au *premier degré*...

Silène-Pan et Bacchus-Dionysos ont été de multiples fois représentés lors d'un *Triomphe*, croit-on à la romaine, c'est-à-dire une procession présidée par les divinités juchées sur des chars. Ceci pour caricaturer la procession d'Eleusis, qui s'étirait une fois par an entre Athènes et le lieu des Grands Mystères. Et c'est sous le nom de "triumfi", relève Mathonière, que sont désignés les Arcanes Majeurs en Italie, pays que Rabelais connaissait bien pour y avoir déjà accompagné une ambassade (il y retournera). L'emploi de chars est très fréquent dans l'iconographie alchimique et astrologique, note Mathonière, ce qui est exact, et il pense qu'il en subsiste une trace dans l'Arcane VII, le Chariot, qui serait une figuration du triomphe d'Apollon, ce qui n'est pas exact, puisqu'il s'agit de Mithra conduisant le char solaire (le Tarot étant un catalogue de figures mithraïstes, comme l'a montré Charles Imbert dans *Les Sources du Tarot*).

---

*Le cerveau caséiforme qu'évoque Rabelais venant du mot caséus (caséine) qui désigne le fromage*

---

Et cet auteur de préciser que le thème des Triomphes rapelle les processions carnavalesques, défilés rituels invariants qu'on trouvera à chaque fois que l'on emmène une statue, châsse, idole ou totem faire un voyage transgressif (rappelons la différence entre le défilé et la revue). Au passage, si on peut dire, Mathonière nous cite l'étymologie de CARNA VALE, c'est-à-dire *Adieu la chair* (les médiévaux y voient un exutoire à l'enchaînement au corps).

Il relèvera aussi l'allusion faite aux symboles pythagoriciens, référence aux nombres et aux formes géométriques. « L'idée d'un rapport entre les Arcanes et la théorie pythagoricienne des nombres est ainsi présente à l'esprit du XVIᵉ siècle », dit Mathonière, dont le livre est un exposé de géométrie tarologique, le Tarot lui-même reposant, comme on le sait, sur la numérologie, en vigueur depuis l'époque des Sumériens.

Ce qui est plus important, c'est qu'il signale aussi que Rabelais, à la suite de cette allusion aux doctrines de Pythagore, semble évoquer l'aspect divinatoire des cartes, non seulement sous l'aspect *bonne aventure*, mais surtout dans son sens d'auto-analyse de la situation du questionneur, outil de connaissance par l'herméneutique ou par les symboles (*C'est pourquoy fault ouvrir le livre et soigneusement peser ce que y est deduict. Lors congnoistrez que la drogue dedans contenue est bien d'aultre valeur que ne promettoit la boite*). Ceci donc en 1534.

Ce prologue enlevé a sans doute été très longtemps pesé, médité... comme ayant du poids (au lard avec commentaires – Des Poys au lard cum commento – à moins de voir une référence au Cumin, Cuminum en latin).

Le message de Rabelais est bien alchimique par ses nombreuses références lexicales, sans oublier la fabrication de vocabulaire. *Horrificque* est un mot spécial placé dans le titre du livre par Rabelais, et Mathonière d'appeler la *langue des oiseaux*, souvent employée au cours des cinq livres, pour exposer qu'il s'agit du latin *Auri fecit*, c'est-à-dire : "faiseur d'or"... Et cet auteur de conclure que l'important était pour lui « avant tout de montrer qu'il existe bel et bien un ésotérisme du Tarot antérieur aux spéculations occultistes qui fleurissent depuis la publication, en 1781, de l'ouvrage de Court de Gébelin, incluant un usage divinatoire. » Comme cela nous semble à nous aussi très important, ça valait la peine d'y consacrer quelques paragraphes.

Du coup, nous avons surtout illustré un Rabelais des profondeurs, un tenant de l'Esotérisme libre, déguisé en Curé, Ambassadeur, Médecin et Astrologue. Ses méthodes sont multiples, certes, et tout Rabelaisologue en identifiera plusieurs, à confondre avec démarches, prudences, attitudes, contrats, inquiétudes...

Sans conclusion posée, qu'en tirer enfin ? Eh bien Rabelais l'humaniste parle du RESPECT, et celui-ci est la clé essentielle de tout acte politique.

Mais alors, la Science ? N'aurait-il rien fait pour la Science ? Au contraire, il fut Éditeur Scientifique ! Ah oui, celle-là, il fallait la garder pour la fin, pour la bonne bouche, en coup de pied de l'âne, même si le pied d'âne ne vaut pas le pied de cochon !

Bien sûr, à l'époque, l'Éditeur n'existait pas encore (pour les détails sur cette profession parasite voulant se faire, comme toujours, passer pour symbiote, voir Le Diu et Parinet (6) )... Rabelais porta sa marque sur une trentaine de publications, habitué de longue date à établir des éditions revues et corrigées d'ouvrages anciens, ou italiens (n'oublions pas qu'en 1536, il apprenait l'arabe à Rome auprès de l'Evêque de Caramith). Il s'agit principalement d'ouvrages de médecine – le corpus Hippocrate-Galien –, dans des formats les rendant plus abordables aux étudiants (en général issus de familles fortunées : les livres restant fort onéreux). Rabelais était en effet aussi un vrai médecin, et on sait qu'en 1538 il osa participer à une dissection. Ses autres intervention en tant qu'éditeur (financier d'une édition : Rabelais travaillait avec plusieurs imprimeurs) vont de livres pour apprendre le grec à des canulars, traduits depuis des italiens auxquels il avait acheté des manuscrits... Enfin, il révisa et publia la topographie romaine de Marliani, qui établissait le premier plan moderne de la Rome antique... Rabelais géographe, qui l'eut cru ? Et tu, qui credis se habent ?**

**Eric Hermblast**

1 - Yvan Loskoutoff, *Les appétits du ventre : évangélisme luthérien et satire du monachisme dans l'œuvre de Rabelais*, Revue de l'histoire des religions, PUF, Paris, Année 1999.

2 - Madeleine Lazard, *Rabelais et la Renaissance*, Paris, PUF, (Que sais-je?), Paris, 1979.

3 - Jean-Michel Mathonière, *L'Arcane des Arcanes du Tarot ; essai sur la structure géométrique des arcanes*, Guy Trédaniel, Paris, 1985.

4 - Probst-Biraben, *Rabelais et les secrets du Pantagruel*, Editions des Cahiers Astrologiques, Nice, 1949.

5 - Léo Mérigot, *Rabelais et l'alchimie*, les Cahiers d'Hermès, n° 1, Paris, 1947.

6 - Isabelle Diu et Elisabeth Parinet, *Histoire des Auteurs*, Perrin (Tempus), Paris, 2013.

**(Et toi, l'eusses-tu cru ?).

# CRITIQUES LITTERAIRES

### Les langages de la sociologie
Jacques Herman, PUF
"Que sais-je", Paris, 1994

Pour ceux qui seraient restés sur leur faim en se demandant s'il serait possible de creuser un peu en philosophie des sciences avec des concepts lourds chargés de remuer la question de la méthode, il existe ce petit livre. Celui-ci traite des tenants et aboutissants d'une pensée voulant avoir recours à des méthodes. On y trouvera par exemple cette définition : « Au sens large, une méthodologie est un ensemble d'idées directrices qui orientent l'investigation scientifique (l'adjectif scientifique vaut ici sans doute pour signifier "registres du savoir", puisqu'à d'autres époques on aurait pu remplacer "scientifique" par "théologique").

Le titre utilise le mot langage, mais en fait pour annoncer qu'il entend traiter à fond, décortiquer jusqu'à l'alphabet entre Cause et Loi. Il reprend donc les historiques, depuis la dialectique (les procédés logiques) dans les Cités grecques, prend de l'altitude s'il faut évoquer des idéologies et des extravagances, redevient scrupuleux s'il faut traiter des contextes de production des courants d'idées, et respectueux des rares courants mettant à l'envers la fameuse méthode du "on va chercher sur ce qu'on veut et doit trouver".

On a donc de quoi lire sur la théorie des théories pendant une centaine de pages, la dernière partie du livre s'occupant de la *praxis sociologique*, domaine qui n'est plus de la philosophie mais rejoint le complémentaire de ce qu'annonce le titre. Des indices montrent que l'auteur, Jacques Herman, n'est pas prisonnier de son exposé : par exemple, le choix d'un exemple comme « Je vous nomme représentant du peuple » (pour illustrer le niveau illocutoire d'une énonciation) ouvrirait non plus sur la rhétorique, mais sur une salve de questions : "qui est je ?" ; "qu'est-ce que nommer ?" ; "qu'est-ce que représenter ?" ; "qu'est-ce que le peuple ?"... Et tout sociologue sait alors que ces questions ayant pulvérisé les concepts auxquels elles s'adressaient, elles n'ont pas bonne presse (les puissances sociales n'aimant pas qu'on dénonce ou simplement évoque l'illusion de la "représentativité" forgée au *Siècle des Lumières* quelque part sous la flute enchantée de Tamino).

De plus, si, bien sûr, le "en général" n'est jamais valide pour toutes cultures, groupes, sociétés, notre sociologue n'oublie pas de rappeler que la latence ou le "et cœtera" sont des opérateurs reconnus en sociologie. Bref, il nous fallait la critique de ce petit livre pour finir de border le problème des Méthodologies sans avoir recours au "vrai-faux" de cette *enflure* de Karl Popper (1902-1994). Popper, et son faux devenant false, on parle de falsifier... Tout un programme !

**Michel Barster**

### Le Petit Livre Rouge du Président Chirac
Londres, Temps International Ltd, Collection du Ravi, mars 2002

La politique a-t-elle une méthode ? Est-elle un art à la Machiavel ? Un jeu du hasard ? Un sens de l'intuition ? Un moteur d'arrivisme ? Un spectacle ? Un talent de stratège ? Faut-il privilégier une technique plutôt qu'une autre ou les pratiquer toutes en même temps ? Des livres et des livres se sont empilés et agglutinés sur le sujet. Les politiciens eux-mêmes se sont répandus en écrivant leurs mémoires. Et puis, un jour, on tombe sur une perle. Ce petit ouvrage au format poche intrigue par sa photo de couverture : Jacques Chirac coiffé d'une « casquette Mao ». Le montage-photo est d'autant plus savoureux puisque ledit personnage se plaît dans l'art et la philosophie des civilisations chinoise et japonaise. L'auteur est resté masqué mais son travail scrupuleux de collationnement (avec les sources dûment citées) est une petite merveille. Ce petit livre rouge-là présente à nos yeux admiratifs 224 citations que Jacques Chirac a prononcé au cours de sa fabuleuse carrière d'homme politique. Citons-en quelques-unes au hasard :

- J'ai hésité entre l'OAS et Pompidou. Désormais, j'ai choisi Pompidou. Je le servirai fidèlement et loyalement. Mais le gaullisme, je m'en fous, ce n'est pas mon affaire, ni ma génération (1961).
- Aujourd'hui, j'ai gagné trois voix. Ça n'a l'air de rien, mais ce n'est pas inutile (1967, en Corrèze).
- Si M. Pompidou venait à disparaître, je serais giscardien (1973).
- Si on a pris soin de bien s'entourer, le collaborateur prend 99 fois sur 100 la décision que vous auriez souhaitée, voire, de temps à autre, une décision meilleure (1977).
- Je serai présent au second tour, j'en suis persuadé (9 mars 1981, à la veille d'être éliminé aux Présidentielles).
- Plus la ficelle est grosse, plus la machine fonctionne (1986).
- Il faudrait vraiment que j'apprenne à me taire (1987).
- C'est foutu. Le Pen va monter à 30 %. Les socialistes sont là pour vingt ans (1er mai 1988).
- Tu comprends, pour les discours devant les militants, Balladur n'y connaît rien. C'est simple, peu importe le fond, les militants ils sont cons ils comprennent rien. Il faut dire toutes les dix minutes : « Ce qu'il faut, c'est une France debout ! ». Comme ça, ils se lèvent et ils t'applaudissent. (Conversation avec Nicolas Bazire en 1993).
- Les prévisions sont difficiles, surtout lorsqu'elles concernent l'avenir (1993).
- Dans une campagne, il faut aller chercher les électeurs avec les dents (1994).
- Allons, ne craignez rien. Vous serez surpris par ma démagogie (à des collaborateurs en 1995).
- Alors je suis venu dire aux Français qu'il est temps de renoncer au renoncement (1995).
- Il se plantera, c'est la loi de Matignon et je suis bien placé pour le savoir (à propos de Lionel Jospin qu'il vient de nommer Premier Ministre en 1997).
- Cette histoire de Kosovo, personne n'y comprend rien, pas plus moi qu'un autre. C'est normal, c'est une histoire de fous. Et le problème, en fait, c'est que les Serbes et les Kosovars ne pensent qu'à une chose, se foutre sur la gueule (1999).
- Les promesses n'engagent que ceux qui les croient (2002).
- Pour faire de la politique, il faut une bonne gueule (2002).
- On greffe de tout aujourd'hui, des reins, des bras un cœur. Sauf les couilles. Par manque de donneur (2002). Dont acte.

Eulalie Steens

## Jonathan Livingston le goéland
Richard Bach, Flammarion, Paris, 1979

Jonathan Livingston est un goéland imparfait. En effet, il ne se conforme pas aux préceptes de la société qui l'a vue naître, et à qui il doit tout.

Ces journées de jeunes adultes se devraient se passer à pêcher, ou à poursuivre les bateaux de pêches pour en tirer de quoi se nourrir, mais Làs ! Au grand dam de ses parents et de toute sa communauté, il préfère apprendre à voler. Voler ! Tout goéland qui sait se tenir vole dès qu'il le peut, et ce n'est pas un exploit en soi. Oui, mais Jonathan veut voler au-delà de tout ce qu'il lui est permis.

Il repousse toutes les limites, indéfiniment, sans se soucier de son devenir, il a une passion, celle du vol libre et sans entrave. Non pour s'élever dans la société, bien que ce puisse être facile, mais bien pour connaitre ses propres limites. Cette attitude le met au ban de la société, il est chassé de son clan. Qu'à cela ne tienne, il ne renoncera jamais.

Ce goéland-là va explorer tout ce qu'il est possible de vivre, dans les airs, sur terre et sur mer. Toutes les techniques de vols et de voltige lui seront connues.

Et lorsque son long chemin le conduit à un âge de sagesse et de maturité suffisant, il est conduit à rencontrer des être sublimés, par le même chemin qui est le sien.

Suivre l'exemple de ce goéland assure à celui qui s'y tient une vie pleine de surprises et d'inconnus. Nombreux sont ceux qui se sont risqués à le suivre, peu y sont parvenus. Le propos de ce livre est éternel, immuable. Car, en l'absence de toute spiritualité, dans la durée, la logique prend toujours le pas sur le mensonge et les apparences. A celui qui veut savoir, il s'offre un chemin unique, mais qui ne parle qu'à celui qui l'emprunte.

Au bout de tous les chemins de l'excellence réside l'espoir secret de tout être vivant.

Dépasser les limites de la matière requiert un peu de méthode, à savoir mettre en avant ses qualités intrinsèques, toujours plus avant et sans jamais renoncer. C'est ce que raconte ce roman écrit par un ancien pilote de l'US air force. Jonathan Livingston le Goéland fut un best-seller vendu à plusieurs centaines de milliers d'exemplaires en quelques mois aux États-Unis, et qui rendit son auteur millionnaire. On en fit un film, et il fut traduit et diffusé dans le monde entier.   **Yves Le Maître**

## Galilée : L'expérience sensible

Paolo Galluzzi, Gianni Micheli, Antonio Porta, Leonida Rosino, Giorgio Taborelli.
Éditions Vilo, Paris, 1990

Ce grand et beau livre rassemble les textes d'une dizaine d'auteurs italiens (parfois non listés dans la présentation), spécialistes du grand inventeur. Sur environ 260 pages magnifiquement illustrées (c'est un "beau livre"), il retrace la vie et l'évolution de la pensée (progressions, sauts, arrêts) du génie qui sera aussi l'astrnome découvreur des satellites de Jupiter, des anneaux de Saturne ou de *l'imperfection* de la Lune (couverte de montagnes, comme la Terre !).

Galilée (1564-1642), pour le grand public de nos jours, c'est le personnage qui crie dans le couloir : « Et pourtant, elle tourne ! » Amusante scène de la Science persécutée, car si on sait "à peu près pourquoi" la Terre tourne autour du Soleil, on ne sait toujours pas pourquoi elle tourne sur elle-même, mais baste, puisque c'est une question qui ne se pose même pas (vu qu'on ne sait pas).

Bien sûr, nos spécialistes ne sont pas dupes, ni de la condamnation de 1633 (Galilée a 69 ans !), ni de la cécité totale de 1637, qui n'est, semble t-il, que la "cécité totale de l'œil droit", œil avec lequel il avait regardé le soleil au télescope à travers des cartons trop peu protecteurs. Dès 1634, Galilée continue d'écrire et de recevoir ses imprimeurs, pour publier à Leyde en 1638 son *Discours sur deux sciences nouvelles*, qui sera le fondement de toute la physique moderne.

Galilée est un inventeur qui ose expérimenter. Par exemple, il fait construire une rampe inclinée où sont disposées des clochettes : une bille lâchée dans la rigole de la rampe les fait tinter de plus en plus vite. C'est une expérience sur la gravitation : la chute des corps est accélérée, et non uniforme comme l'avaient écrit les Anciens. De même, ayant lu sur les propriétés curieuses de deux lentilles de verre alignées, il s'en procure, les dispose de manière à obtenir un "effet", puis le corrige avec une lentille divergente en oculaire, et enferme les lentilles dans un tube en carton : il vient d'inventer un télescope qui grossit 30 fois, soit quatre fois plus que les meilleurs tubes à lentilles existants déjà.

Cela frappe l'imagination, mais remarquons juste que la même année ; il invente aussi le microscope, qui restera alors une curiosité, comme la *caméra obscura*, et autres dispositifs optiques pour les peintres.

Galilée s'occupe aussi de recherches sur le thermomètre, invente un compas de proportions, ancêtre de la règle à calcul (et donc de la relativité), fait des recherches sur l'aimant et reste persuadé que le centre de la Terre en abrite un, gigantesque. Il utilise aussi le battement isochrone du pendule pour faire fonctionner une horloge capable de mesurer la longitude... Ajoutons qu'il travaille aussi sur des pompes pour élever l'eau, et que son dernier secrétaire sera Torricelli, qui héritera de sa chaire professorale, et des problèmes, donc questions, menant à la découverte du baromètre en 1644 (plusieurs raisons peuvent laisser penser que ce fut, à la base, une découverte tardive de Galilée... ne souhaitant pas faire voir du mercure dans du verre, en train de défier le dogme ecclésiastique selon lequel le vide n'existait pas).

**Charles Imbert**

## L'Évangile, tel qu'il m'a été révélé

Maria Valtorta
www.maria-valtorta.org

Maria Valtorta, italienne sans qualités particulières et alitée, écrivit de 1944 à 1954, sur une série de cahiers, les visions et les explications qui lui furent montrés par le Christ et la Vierge Marie. Plus de cinq mille pages écrites à la main, sans une faute ni rature.

La conformité dogmatique et théologique, la pertinence biblique et exégétique de l'œuvre ont été validées par le Vatican, et notamment Sa Sainteté le Pape Jean XXIII.

Mais aussi plus de 2 500 occurrences archéologiques confirment la très grande connaissance des lieux et de l'époque du Christ. Ces ouvrages étaient sur la table de chevet de Sa Sainteté Jean Paul II.

La série de 10 ouvrages raconte avec force détails et une exactitude remarquable la vie de la Vierge et du Christ. Elle en explique la profondeur, et par son authenticité révèle à celui qui ouvre son cœur toute l'étendue de l'Amour divin.

Comme de bien entendu, lorsque ces ouvrages ont été présentés au clergé, il s'en est fallu de peu pour que cela passe à la trappe. Le Christ a dicté cette œuvre pour faire face à l'immense obscurité qui a envahi ce monde. Aussi, il fit écrire ces mots :

« Je ne puis permettre que l'on traite cette œuvre comme une plaisanterie et qu'elle reste à l'état de manuscrit. Nous avons affaire à un monde obtus et mauvais, jusque dans les milieux ecclésiastiques, à un monde qui ne se soucie guère de relire ces écrits pour pouvoir y reconnaître ma présence et les approuver, mais qui porte toute son attention à éplucher l'ouvrage dans le seul dessein d'y trouver un mot qui puisse passer pour une erreur théologique ou simplement historique, que ce soit dû à l'écriture incertaine de l'auteure ou à une erreur du copiste. C'est la pure vérité. J'agis donc en sorte que leur animosité soit déçue. »

Puis, en 1977, Jésus a informé*** Don Ottavio Michelini, un mystique italien, que l'œuvre de Maria Valtorta connaîtrait un très grand succès "dans l'Église régénérée".

Cet ouvrage abreuvera tous ceux que l'exemple du Christ inspire mais qui se trouvent en marge de l'Église, et qui cherchent des raisons d'espérer dans leur vie et pour l'humanité. Cette lecture ravivera la foi des plus endurcis, et embellira la vie de tous ceux qui ont foi dans le sauveur de l'humanité.

La lecture des paroles mêmes du Christ, parole sacrée s'il en est, peut guérir les plaies les plus profondes, et par cette parole l'Église sera sauvée. **Yves Le Maître**

*** http://www.maria-valtorta.org/ValtortaWeb/MariaValtorta14.htm" \l "Michelini" \o "Don Ottavio Michelini =>" \t "_blank

---

**Vous retrouverez dorénavant la Charte des Contributeurs sur notre Site Internet :
www.eclosion-shop.fr**

« Le minéral donne et la plante reçoit. Les astres donnent et les fleurs reçoivent. Le ciel donne et la terre reçoit. Tout s'enlace et tout se déplace. Tout se mélange et tout se recompose. Tout se mêle et tout se démêle. Chaque chose se fait selon une méthode.

Sans méthode la combinaison et la décomposition de toutes choses et la connexion de l'ensemble ne se produisent pas. La méthode est conforme à la nature, donnant et enlevant le souffle, et conservant ses ordonnances en les accroissant et en y mettant fin. Et en s'accordant par la séparation et l'union, toutes les choses, pour dire bref, si la méthode est bien respectée, transmutent la nature.

Car la nature retournée se retourne elle-même. Tel est le caractère de l'excellence de tout l'univers et sa connexion" »

Posidonios d'Apamée (-135 / 51)